ANNE WILLAN

COCINA VISUAL

Tapas y Aperitivos

ANNE WILLAN
COCINA VISUAL
Tapas y Aperitivos

Grupo Editorial EDIPRESSE

A DORLING KINDERSLEY BOOK

Título original: LOOK & COOK - Creative Appetizers
Copyright © 1993 By Dorling Kindersley Limited
Text copyright © 1993 by Anne Willan

Staff de la edición original inglesa:
Editorial Director: Jeni Wright
Editors: Anna Brandenburger, Stella Vayne
Art Editor: Lisa Webb
Designers: Lucy De Rosa
Alan Watt
Production Editor: Wendy Rogers

Staff de la edición española:
Director de edición: Josep Sarret
Director de producción: Jordi Balmaña
Redacción: Maite Pugès, Mayka Barciela
Dirección artística: María Teresa Castelló
Secretaria de edición: Cécile Fressinaud
Traducción: Anna Gil

Derechos para esta edición en lengua española:
Ediciones Hymsa. Muntaner, 40/42
08011 Barcelona (España)

Esta edición no puede venderse en Estados Unidos,
Puerto Rico y Latinoamérica

Reservados todos los derechos. Ninguna parte de este libro
puede ser reproducido, copiado, almacenado o transmitido
por ningún medio electrónico, mecánico, fotográfico o de ningún
otro tipo, sin el previo y expreso consentimiento por escrito
del propietario de los derechos.

ISBN: 84-7183-550-9

SUMARIO

Tapas y Aperitivos - El Enfoque de «Cocina Visual» 6

Introducción - ¿Por qué los Aperitivos? 7

Ensalada de Ternera Cruda con Alcaparras 10
Ternera Cruda con Salsa de Albahaca 13

Tostadas con Aceitunas, Tomate y Anchoas 14
Tostadas a la Italiana con Jaramago
  y Requesón 17

Tomates Rellenos al Estilo Oriental 18
Tomates Rellenos con Langostinos, Feta
  y Aceitunas Negras 21

Hojas de Vid Rellenas de Arroz 22
Hojas de Vid Rellenas de Cordero y Arroz 27

Paté de Hígado de Pollo con Manzana 28
Paté de Hígado de Pollo con Naranja 33

Verdura a la Griega con Especias Picantes 34
Verdura a la Griega Estilo «Golden» 37

Mousse de Trucha Ahumada con Rábano Picante y Eneldo 38
Mousse de Trucha Ahumada con Pimiento
  Verde 41

Blinis con Salmon Ahumado 42
Blinis con Caviar Rojo y Negro 47

Ensalada de Queso de Cabra en Escabeche 48
Ensalada de Queso de Cabra
  con Pan Rallado 51

Rollos de Primavera con Lechuga y Menta Fresca 52
Rollos de Primavera Rellenos de Langostinos 57

Champiñones Rellenos de Nueces
  a las Finas Hierbas 58
Champiñones Rellenos de Queso y Tomate .61

Bollitos de Queso con Espinacas y Salmon
  Ahumado 62
Rosquillas de Queso Rellenas de Espinacas
  y Champiñones 67

Vieiras Cocidas con Salsa de Sidra 68
Vieiras Salteadas con Puré de Patatas y Hierbas
  al Limón 73

Croquetas de Salmón con Maiz a las Finas
  Hierbas 74
Croquetas de Cangrejo al Estilo
  de Maryland 79

Mejillones al Vapor con Salsa de Nata
  y Azafrán 80
Mejillones a la Marinera 83

Almejas al Vapor con Vino Blanco 83

Quiche de Queso Roquefort y Cebolla Frita 84
Quiche de Queso de Cabra con Repollo 89

Ostras con Salsa de Champán 90
Ostras al Estilo Rockefeller 93

Ensalada de Col Lombarda y Bacon con Queso
  Roquefort 94
Ensalada de Repollo con Nueces y Bacon ..97

Chuletas de Cerdo con Salsa Agridulce
  a la Moda de Sechuán 98
Chuletas de Cerdo con Especias
  a la Indonesia 101

Empanadillas de Queso y Pollo
  a la Mejicana 102
Empanadillas de Carne de Cerdo
  a la Mejicana 107

Minipizzas de Jamón de Parma con Mozzarella
  y Albahaca 108

Kebabs de Langostinos al Estilo Tropical .112
Kebabs de Langostinos a la Vietnamita 117

Soufflé de Queso de Cheddar con Calabacín 118
Soufflé de Cebolla y Salvia 123

Conocimientos Básicos 124

Índice 126

Tapas y Aperitivos
El Enfoque de «Cocina Visual»

Bienvenidos a «Tapas y Aperitivos» y a la serie «Cocina Visual». Los volúmenes de esta colección han sido concebidos con la intención de ser los libros de cocina más fáciles e informativos que haya leído nunca. Son lo más parecido posible a compartir mis técnicas para cocinar mis recetas favoritas sin tener que estar de hecho con usted en la cocina observándola por encima del hombro.

EQUIPO

El equipo y los ingredientes determinan a menudo si se puede o no elaborar un determinado plato. Por ello, «Cocina visual» ilustra todo lo que usted necesita al principio de cada receta. Podrá comprobar, a simple vista, cuánto tiempo necesita cada receta, para cuántos comensales es, qué aspecto tiene una vez realizada y qué preparativos pueden hacerse con antelación. Cuando se disponga usted a elaborar una de estas recetas verá que tanto su preparación como su cocción han sido organizadas en fáciles paso a paso. Cada paso tiene su propio código de color, está ilustrado fotográficamente y lleva un texto explicativo. Nunca tendrá la menor duda acerca de qué está usted haciendo, por qué lo está haciendo y cuál ha de ser el resultado.

INGREDIENTES

PARA 4-6 PERSONAS PREPARACIÓN: 25-35 MINUTOS COCCIÓN: 5-10 MINUTOS

También he incluido una serie de ideas útiles en el apartado «El consejo de Anne». A veces es una lista de ingredientes alternativos, otras explica para qué sirve un utensilio, la razón por la que se ha utilizado determinado método, o un truco para dominar determinada técnica. Del mismo modo, y para evitar errores que pueden ser cruciales, he incluido una serie de advertencias bajo el epígrafe «¡Cuidado!».

Muchas de las fotografías se comentan para concretar por qué determinados utensilios van mejor que otros o qué aspecto tiene que tener el plato en un momento dado. Dado que la presentación es tan importante, al final de cada receta damos siempre una foto del plato terminado y varias sugerencias sobre la forma de servirlo.

Con toda esta información es casi imposible equivocarse. Estaré con usted en todo momento. Así que, si quiere acompañarme a la cocina vamos a preparar las dos juntas una serie de excelentes **Tapas y Aperitivos.**

¿Por qué los Aperitivos?

Dicen que la primera impresión es lo que cuenta. De ahí lo importante que es empezar una comida con un aperitivo que dé la pauta de lo que vendrá a continuación. Un aperitivo puede ser algo tan sencillo como una ensalada o tan especial como un soufflé, en base a la ocasión o a las preferencias personales. La gama de opciones es muy variada. Algunas de las recetas requieren muy pocos ingredientes y apenas unos minutos de trabajo. Otras exigen algo más de esfuerzo y un poco de planificación, pero todas ellas le compensarán ampliamente la atención que deba dedicarles.

La Elección de las Recetas

Deje que sea la época del año en que se encuentre, quien decide el aperitivo que va a servir a sus invitados: un primer plato abundante y nutritivo para ahuyentar el frío del invierno, o unas cuantas ideas ligeras para refrescar un cálido día de verano. Considere los platos que servirá a continuación y elija para el aperitivo aquellos ingredientes que no vayan a repetirse después. Tome nota, también, de la forma de proceder de cocinas como la francesa, la asiática, la italiana y la mejicana, porque le darán ideas ingeniosas y originales para empezar cualquier menú. En este libro encontrará algunas de mis recetas favoritas.

Primeros Platos Fríos

Ensalada de ternera cruda con alcaparras: el clásico «carpaccio» italiano consta de unas lonjas finísimas de carne cruda servidas con alcaparras, anchoas, aceite de oliva y virutas de queso parmesano. **Ternera cruda con salsa de albahaca:** un «pesto» a base de albahaca fresca, ajo, piñones, queso de Parma y aceite de oliva con lonjas de carne cruda. **Tostadas con aceitunas, tomates y anchoas:** estos «crostini» constituyen un exquisito modo de iniciar una comida informal. **Tostadas a la italiana con jaramago y requesón:** el jaramago picante ligeramente salteado con vinagre balsámico dulce y combinado con un cremoso requesón corona unas crujientes tostadas de pan. **Tomates rellenos al estilo oriental:** tomates maduros con un típico relleno chino a base de langostinos, guisantes tiernos y yemas de alubia. **Tomates rellenos con langostinos, feta y aceitunas negras:** un primer plato con un toque mediterráneo. **Hojas de vid rellenas:** de arroz, piñones, hierbas y pasas de Corinto. **Hojas de vid rellenas de cordero y arroz:** la carne de cordero sustituye a las pasas y a los piñones. **Paté de hígado de pollo con manzana:** este paté con manzanas abre cualquier comida de un modo muy elegante. **Paté de hígado de pollo con naranja:** los gajos de naranja coronan en este caso al mismo paté de la receta anterior. **Verdura a la griega con especias picantes:** champiñones e hinojo con unas cebollitas tiernas, semillas de cilantro, tomates, hierbas y vino blanco. **Verdura a la griega estilo «golden»:** el azafrán da un matiz ambarino a los calabacines, la coliflor y las cebollas. **Mousse de trucha ahumada con rábano picante y eneldo:** unas tajadas de salmón ahumado son la base ideal para un buffet frío. **Mousse de trucha ahumada con pimiento verde:** el pimiento verde introduce un sabor picante a la mousse de trucha ahumada. **Blinis con salmón ahumado:** a base de tortitas con diversos condimentos: rábano, alcaparras, cebollas y nata agria. **Blinis con caviar rojo y negro:** las perlitas de caviar de dos colores coronan estas otras tortitas.

Primeros Platos Calientes

Ensalada de queso de cabra en escabeche: un plato de estilo francés a base de lechuga con pan de molde tostado con rodajas de queso de cabra en escabeche. **Ensalada de queso de cabra con pan rallado:** el queso de cabra en escabeche es rebozado con pan rallado y servido con una ensalada de berros y achicoria. **Rollos de primavera con lechuga y menta fresca:** paquetitos rellenos de carne de cerdo, champiñones y tallarines envueltos con hojas de menta y lechuga. **Rollos de primavera rellenos de langostinos:** los langostinos sustituyen a la carne de cerdo. **Champiñones rellenos de nueces a las finas hierbas:** se cuecen al horno hasta que están calientes. **Champiñones rellenos de queso y tomate:** estos champiñones se rellenan con dos clases de queso y con tomate. **Bollitos de queso con espinacas y salmón ahumado:** se rellenan con crema de queso y espinacas y se cubren con tiras de salmón ahumado. **Rosquillas de queso rellenas de espinacas y champiñones:** pasta choux con crema de espinacas y lonjitas de champiñón. **Vieiras cocidas con salsa de sidra:** se sirven con puré de patatas con ajo a las finas hierbas. **Vieiras salteadas con puré de patatas y hierbas al limón:** unas vieiras con un condimento de corteza de limón. **Croquetas de salmón con maíz a las finas hierbas:** unas finas lonjas de salmón cocido envueltas en forma de croqueta. **Croquetas de cangrejo al estilo de Maryland:** especialidad de la Bahía de Chesapeake. **Mejillones al vapor con salsa de nata y azafrán:** la suave crema azafranada cubre unos picantes mejillones. **Mejillones a la marinera:** los mejillones se cuecen al vapor. **Almejas al vapor con vino blanco:** las almejas también pueden prepararse del mismo modo que los mejillones. **Quiche de queso Roquefort y cebolla frita:** el fuerte sabor del queso Roquefort y de las cebollas caramelizadas abren el apetito. **Quiche de queso de cabra con repollo:** el queso de cabra fresco y las tiras de repollo combinan perfectamente. **Ostras con salsa de champán:** la espumosa salsa de champán cubre a las ostras. **Ostras al estilo Rockefeller:** el relleno de espinacas es el rasgo distintivo de estas ostras. **Ensalada de col lombarda y bacon con queso Roquefort:** una sustanciosa ensalada tipo «bistrot» con un sabor ligeramente ahumado. **Ensalada de repollo con nueces y bacon:** las nueces picadas le dan una crujiente textura a esta ensalada de trozos de repollo. **Chuletas de cerdo con salsa agridulce a la moda de Sechuán:** las chuletas fritas en aceite y aderezadas con chile se cuecen a fuego lento con especias orientales. **Chuletas de cerdo con especias a la Indonesia:** el jengibre y otras especias comunican su fragante aroma a las chuletas durante su lenta cocción. **Empanadillas de queso y pollo a la mejicana:** las tortitas mejicanas son un excelente envoltorio para este relleno a base de pollo y queso; las «quesadillas» fritas se sirven con una guarnición de guacamole, tomate y cebolla. **Empanadillas de carne de cerdo a la mejicana:** el queso de Cheddar y la carne son un sabroso relleno. **Minipizzas de jamón de Parma con mozzarella y albahaca:** la clásica combinación italiana de salsa de tomate, trocitos de jamón de Parma, hojas de albahaca y queso mozzarella sobre una pizza individual. **Kebabs de langostinos al estilo tropical:** unos pinchos de langostinos a la parrilla aderezados con una marinada a base de raíz de jengibre, zumo de limón y hojas de cilantro, y acompañados de una picante salsa de cacahuetes. **Kebabs de langostinos a la vietnamita:** unas albóndigas de puré de langostinos rebozadas con coco rallado, cocidas al horno y servidas con una salsa de cacahuete. **Soufflé de queso de Cheddar con calabacín:** el calabacín aporta el color y el queso Cheddar el sabor en este especialísimo aperitivo. **Soufflé de cebolla y salvia:** las cebollas reducidas a puré y aromatizadas con salvia son la base de este sabroso soufflé.

EQUIPO

Las recetas de estas tapas y aperitivos son muy variadas, y lo mismo puede decirse del equipo necesario para prepararlas. Una prioridad absoluta es un cuchillo de cocina bien afilado. Un cuchillo de hoja fina y flexible, igualmente bien afilado, para cortar lonjas muy finas: la misma función puede llevarse a cabo con un buen cuchillo de sierra o con un cuchillo eléctrico. En algunas recetas en las que hay que picar o triturar, un robot de cocina le ahorrará una gran cantidad de tiempo. También puede usar una picadora-batidora introduciendo los ingredientes por turnos. Los cazos de base ancha y las sartenes también son necesarios. En algunas recetas orientales se precisa el recipiente llamado wok. Recipientes individuales para hacer soufflés se usan como moldes en algunas recetas; otro equipo especial necesario para determinados platos incluye un molde para terrina, un flanero de base intercambiable, pinchos de metal y de madera para la parrilla y un cuchillo para abrir ostras. Algunas recetas requieren una manga pastelera con boquilla para dar forma a determinados purés, aunque usando un par de cucharas o una espátula se puede conseguir el mismo resultado.

INGREDIENTES

Frutas y verduras, carne y marisco, queso y nueces; no hay apenas limitaciones a la hora de elegir los ingredientes de estos aperitivos. En ellos intervienen toda clase de verduras y hortalizas como cebollas y pimientos o repollos y berenjenas. Algunos de ellos desempeñan un papel central en recetas como los Champiñones rellenos de nueces a las finas hierbas. Otros son simples complementos de otros ingredientes en platos como la Quiche de queso Roquefort y cebolla frita, o la Ensalada de col lombarda y bacon con queso Roquefort. Los mariscos y frutos de mar —langostinos, almejas, vieiras, mejillones y ostras— son ingredientes de lujo, para no citar el salmón ahumado y el caviar de los blinis. La trucha ahumada se usa para enriquecer una mousse y el salmón fresco como base de unas deliciosas croquetas acompañadas de maíz. Entre las recetas de este libro que incluyen aves de corral y carne, están la Ensalada de ternera cruda con alcaparras, las Costillas de cerdo con salsa agridulce a la moda de Sechuán, el Paté de hígado de pollo con manzana y las Empanadillas de queso y pollo a la mejicana.

Los condimentos salados, picantes y agrios se usan a menudo en estos aperitivos. Quesos tipo Roquefort, Parmesano y Cheddar aportan su rico sabor a diversos platos, como la Ensalada de queso de cabra en escabeche. Muchas recetas tienen un toque picante gracias a las alcaparras, el ajo, los chiles o el rábano. El vinagre y el zumo de limón dan vida a recetas como la Verdura a la griega con especias picantes y las Hojas de vid rellenas de arroz. Los ingredientes más valiosos son el caviar, el champán y el azafrán: se usan en pequeñas cantidades para dar un toque de elegancia a la mesa en las grandes ocasiones.

TÉCNICAS

Las técnicas usadas en este libro son tan variadas como las recetas que contiene. Tendrá que picar, cortar y dar forma a los ingredientes para conseguir presentaciones atractivas. Algunas recetas requieren una cocción muy simple. El marisco se cuece rápidamente hirviéndolo, asándolo a la parrilla o cociéndolo al vapor. La maceración con vino, zumo de limón, aceite y diversas especias es una técnica muy práctica que da sabor y suavidad a ciertos ingredientes. A veces, como en la Ensalada de ternera cruda con alcaparras, se sirven ingredientes sin ninguna clase de cocción. El hornillo se usa para escalfar o hervir verduras y para freír ingredientes como las Croquetas de salmón o las Empanadillas a la mejicana. El horno interviene al preparar soufflés y tartas, bollos y tostadas. También aprenderá a preparar un buen surtido de salsas y acompañamientos como el guacamole, la salsa de cacahuete a la Indonesia, la vinagreta o los purés de patatas aromatizados. Aprenderá a picar hierbas; a pelar, despepitar y cortar tomates; a picar cebollas y chalotes; a vaciar, despepitar y cortar en juliana chiles; a picar raíz de jengibre y a majar ajos, etc.

ENSALADA DE TERNERA CRUDA CON ALCAPARRAS *(Carpaccio Piccante)*

PARA 4 PERSONAS **PREPARACIÓN: 20-25 MINUTOS ***

EQUIPO

- cuchillo para cortar lonjas
- papel de aluminio *
- cuencos

- escurridor
- cuchillo de cocina
- papel absorbente
- pelapatatas

- molinillo de pimienta
- colador

- tajadera
- exprimidor

* papel antigrasa o papel protector de cocina

EL CONSEJO DE ANNE
«*En vez de un cuchillo especial para cortar lonjas muy finas, también puede usarse un cuchillo eléctrico.*»

Para preparar el «carpaccio» italiano, la carne magra de ternera se semicongela para que sea más fácil cortarla a lonjas del grosor de un papel, tan delgadas, dicen, como para que la luz pase a través de las mismas. La guarnición de esta receta incluye alcaparras, anchoas, cebolla picada, virutas de queso parmesano y un aceite de oliva extravirgen. El éxito depende sobre todo de la calidad y frescura de la carne.

GANANDO TIEMPO
La ternera puede cortarse y prepararse en los platos una hora antes de servirla, siempre que se cubra con papel protector y se meta en la nevera.

* más 2,5-3 horas de congelación

métrico	LA LISTA DE LA COMPRA	imperial
500 g	filete de ternera	1 lb
8	filetes de anchoa	8
45 g	alcaparras	1 ½ oz
1	cebolla pequeña	1
125 g	queso de Parma	4 oz
125 g	jaramago	4 oz
2	limones	2
125 ml	aceite de oliva extravirgen	4 fl oz
	pimienta negra recién molida	

INGREDIENTES

filete de ternera

 alcaparras

 jaramago *

aceite de oliva — un trozo de queso parmesano

 filetes de anchoa

  pimienta negra en grano

 limones

   cebolla

* o cualquier otra ensalada o escarola de hoja rizada.

EL CONSEJO DE ANNE
«*Usando un trozo grande de queso parmesano es más fácil cortar las virutas. El resto del trozo se puede usar para rallar.*»

ORDEN DE TRABAJO

1 CONGELAR LA CARNE Y PREPARAR LOS INGREDIENTES DE LA GUARNICIÓN

2 MONTAR EL CARPACCIO

Ensalada de Ternera Cruda con Alcaparras

1 Congelar la Carne y Preparar los Ingredientes de la Guarnición

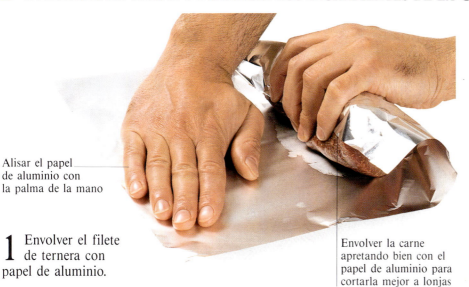

Alisar el papel de aluminio con la palma de la mano

1 Envolver el filete de ternera con papel de aluminio.

Envolver la carne apretando bien con el papel de aluminio para cortarla mejor a lonjas

2 Retorcer las puntas del papel de aluminio para cerrar bien el paquete y guardarlo en el congelador hasta que esté firme, entre 2,5 y 3 horas.

3 Mientras, escurrir las anchoas y ponerlas sobre papel absorbente. Si las alcaparras son muy grandes, cortarlas a trocitos. Pelar la cebolla y cortarla por la mitad con el cuchillo de cocina. Cortar cada mitad en sentido horizontal primero y vertical después, y finalmente de través para formar daditos. Picarlos finamente.

4 Con el pelapatatas, cortar doce virutas largas de queso parmesano.

5 Lavar las hojas de jaramago con agua fría abundante. Descartar los tallos duros. Escurrirlas y envolverlas con un trapo de cocina o con papel absorbente y guardarlas en la nevera.

Las hojas de jaramago no se marchitan si se guardan bien envueltas en la nevera

Ensalada de Ternera Cruda con Alcaparras

2 Montar el Carpaccio

1 Disponer el jaramago en una sola capa circular que rodee el borde de 4 platos de servir.

Las hojas de jaramago son muy decorativas

2 Sacar la ternera del congelador y eliminar el aluminio. Si la carne está demasiado dura, dejarla reblandecer un poco a temperatura ambiente.

3 Con el cuchillo apropiado, cortar unas lonjas finísimas de ternera. Cortar toda la carne que se pueda; siempre quedará un poco al final.

EL CONSEJO DE ANNE
«Usar la carne restante para otra receta o picarla finamente para hacer un steak tartare que acompañe al carpaccio.»

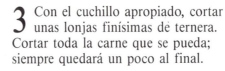

Las lonjas de carne de ternera han de permitir el paso de la luz

4 Una vez cortadas las lonjas de ternera, colocarlas en el centro de cada plato, ligeramente superpuestas. Formar unos anillos con los filetes de anchoa y poner dos en cada plato.

¡CUIDADO!
La ternera es muy delicada una vez cortada; ponerla en los platos inmediatamente después de cortarla.

5 Rellenar uno de los anillos de anchoa de cada plato con alcaparras y el otro con cebolla picada.

Colocar las alcaparras con cuidado para que las anchoas no pierdan la forma

Ensalada de Ternera Cruda con Alcaparras

6 Exprimir el zumo de los limones; se deben obtener unas 6 cucharadas de zumo. Esparcirlo con una cuchara por encima de la carne.

7 Rociar las lonjas de ternera con el aceite de oliva. Poner las virutas de queso parmesano encima de las mismas.

El aceite de oliva da brillo a la carne

🍽 PRESENTACIÓN
Servir a temperatura ambiente, con el molinillo de pimienta a disposición de los comensales.

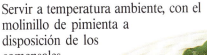

Las alcaparras y la cebolla contenidas en los anillos de anchoa dan sabor a la ensalada

El verde de la ensalada de jaramago es un buen telón de fondo para la carne de ternera

VARIANTE
TERNERA CRUDA CON SALSA DE ALBAHACA

El pesto es una salsa muy apreciada, de sabor concentrado y presente en multitud de recetas.

1 Envolver y congelar la carne tal como se indica en la receta principal.

2 Mientras, preparar el pesto: arrancar las hojas de un manojo grande de albahaca (unos 90 g/3 oz), reservando cuatro o cinco ramitos para decorar los platos. Echar la albahaca en la picadora junto con 4 dientes de ajo pelados, 45 g (½ oz) de queso parmesano, 45 g de piñones, 1 cucharadita de sal, y pimienta. Convertir estos ingredientes en un puré fino. Sin detener la picadora, incorporar 175 ml (6 fl oz) de aceite de oliva en un chorrito. Corregir de sal.

3 Preparar las virutas de queso parmesano del modo indicado.

4 Cortar las lonjas de carne muy finamente y ponerlas en los platos, omitir el jaramago.

5 Exprimir el zumo de 1 limón sobre la ternera y esparcir un poco de pesto por el centro de cada plato.

6 Poner las virutas de parmesano encima y decorar con la albahaca. Servir el resto del pesto aparte.

Tostadas con Aceitunas, Tomate y Anchoas

Crostini alla Siciliana

 Para 8 personas   Preparación: 15-20 minutos *   Cocción: 5-10 minutos

Equipo

deshuesador de aceitunas

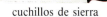
cuchillos de sierra

espumadera

cuchara de metal grande
cuchillo de cocina
cazo
cuchillo pequeño

cuencos

fuente de horno

tajadera

papel transparente de cocina

Los «crostini» constituyen una inspirada idea italiana y pueden cubrirse con una infinidad de ingredientes. En esta receta, se trata de tomates picados macerados con aceite de oliva, albahaca y ajo, junto con aceitunas negras y anchoas. Los verdaderos «crostini» se preparan con pan de payés, pero también se puede usar cualquier rebanada de pan de corteza dura y miga blanda.

* más 30-60 minutos de reposo

Ingredientes

pan de payés redondo

aceitunas negras   tomates

albahaca fresca

aceite de oliva

filetes de anchoa

dientes de ajo

El Consejo de Anne
«La elección del aceite de oliva es muy importante en esta receta. La fragancia más intensa del aceite de oliva sin refinar y de la mejor calidad, es el más apropiado para los crostini.»

Orden de Trabajo

1. **Preparar los Ingredientes**

2. **Preparar las Tostadas**

métrico	La Lista de la Compra	imperial
750 g	tomates maduros	1½ lb
1	manojo pequeño de albahaca fresca	1
4	dientes de ajo	4
	sal y pimienta	
60 ml	aceite de oliva extravirgen	4 tbsp
4	filetes de anchoa	4
150 g	aceitunas negras	5 oz
1	pan de payés redondo	1

Tostadas con Aceitunas, Tomate y Anchoas

1 Preparar los Ingredientes

1 Eliminar el corazón de los tomates y hacer una incisión en forma de «x» en la base de cada uno de ellos con la punta de un cuchillo. Sumergirlos en un cazo de agua hirviendo hasta que la piel empiece a cuartearse, 8-15 segundos, según lo maduros que estén. Trasladarlos, con una espumadera, a un bol de agua fría. Una vez fríos, pelarlos. Partirlos por la mitad, despepitarlos y cortarlos a trocitos.

2 Separar las hojas de albahaca de sus tallos, reservando 8 ramitos para decorar, y ponerlas formando un montón en la tajadera. Cortarlas a trocitos. Pelar y picar finamente los dientes de ajo (ver recuadro inferior).

Procure no estropear las tiernas hojas de albahaca

Cómo Pelar y Picar Ajo

La fuerza del ajo depende de su edad y de lo seco que esté; cuanto más fresco es, más cantidad se necesita.

1 Arrancar los dientes de ajo del bulbo, separándolos con los dedos. También se pueden extraer presionando el bulbo con la palma de la mano.

Los dientes de ajo se separan con facilidad

2 Aplastar ligeramente los dientes de ajo con la hoja de un cuchillo para aflojar la piel de los mismos.

3 Extraer con cuidado la piel de los dientes de ajo y descartarla. Poner la hoja del cuchillo por la parte plana sobre el ajo y golpear fuertemente con el puño.

4 Picar finamente el ajo con el cuchillo de cocina, moviendo éste hacia adelante y hacia atrás.

Tostadas con Aceitunas, Tomate y Anchoas

3 Poner juntos en un bol los trocitos de tomate, ajo y albahaca. Espolvorear con un poco de sal y pimienta y verter el aceite de oliva por encima.

El aceite extravirgen de oliva da un mejor sabor

Cubrir el tomate, el ajo y la albahaca con aceite de oliva

La deshuesadora de aceitunas es muy fácil de usar

6 Deshuesar las aceitunas y cortarlas a trocitos con el cuchillo de cocina.

4 Remover los ingredientes del bol para que se mezclen bien. Tapar y dejar en reposo a temperatura ambiente entre 30 y 60 minutos.

5 Mientras, sacar los filetes de anchoa de la lata y cortarlos a trocitos pequeños.

EL CONSEJO DE ANNE
«*Si se quiere, se puede triturar las anchoas y las aceitunas con el robot de cocina, pero procurando no convertirlas en un puré demasiado fino.*

7 Mezclar aceitunas y anchoas con los demás ingredientes. Añadir sal y pimienta si es necesario.

2 PREPARAR LAS TOSTADAS

1 Calentar el horno a 200º C (400º F, Gas 6). Cortar el pan de payés en 8 rebanadas de 1,25 cm (½ pulgada) de grosor. Ponerlas en la fuente de horno y tostarlas hasta que estén ligeramente doradas, dándoles la vuelta una vez al menos, durante 5-10 minutos.

Cortar las rebanadas lo suficientemente gruesas para que no se sequen demasiado al tostarlas.

2 Esparcir una parte de la mezcla de tomate, aceituna y anchoa sobre cada una de las tostadas. Adornarlas con un ramito de albahaca.

🍽 PRESENTACIÓN
Poner los crostini en una fuente grande y servirlos calientes o a temperatura ambiente.

La albahaca da a las tostadas un toque de verde frescor

La crujiente rebanada de pan es la base de los crostini

VARIANTE
TOSTADAS ITALIANAS CON JARAMAGO Y REQUESÓN

1 Omitir los tomates, la albahaca, las aceitunas y las anchoas.
2 Lavar 375 g (12 oz) de jaramago y descartar los tallos más correosos. Romper las hojas a trozos grandes. Pelar y picar 3 dientes de ajo.
3 Calentar dos cucharadas de aceite de oliva en una sartén. Echar en ella el jaramago, el ajo, sal y pimienta, y freír ligeramente, sin dejar de remover, hasta que el jaramago se marchite, 2-3 minutos. Añadir 3-4 cucharadas de vinagre balsámico y dejar cocer a fuego lento durante 1 minuto.
4 Poner el jaramago en el escurridor. Sacarlo y cortar las hojas del mismo a trocitos. Ponerlas en un bol y mezclarlas con 175 g (6 oz) de queso fresco tipo ricotta. Corregir de sal.
5 Rebanar y tostar el pan del modo indicado. Esparcir la mezcla de jaramago y ricotta por encima. Cortar cada rebanada por la mitad y servirlas calientes, decorando cada plato con unos gajos de tomate y unas aceitunas negras.

GANANDO TIEMPO
Los ingredientes de la mezcla pueden prepararse con 3-4 horas de antelación y guardarse, cubiertos, a temperatura ambiente. Cubrir las tostadas justo antes de servir para que no queden pastosas.

Tomates Rellenos al Estilo Oriental

PARA 6 PERSONAS **PREPARACIÓN: 30-35 MINUTOS ***

EQUIPO

- cuencos
- cazo mediano
- cuchillo de cocina
- batidor
- cuchillo pequeño
- cuchara de metal grande
- escurridor
- papel absorbente
- tajadera

Un primer plato ideal para los tomates maduros del verano. Los tomates se rellenan con lagostinos, brotes de alubia empapados en una vinagreta de jengibre y soja, y dispuestos sobre un «abanico» de guisantes mollares, lo que le da al plato un aspecto brillante y muy efectista.

GANANDO TIEMPO

La vinagreta puede prepararse con una semana de antelación. El resto de los ingredientes pueden prepararse un día antes y guardarse en la nevera. La receta propiamente dicha hay que prepararla como mucho una hora antes de servir.

* más 30 minutos de reposo

INGREDIENTES

langostinos hervidos pelados

tomates raíz de jengibre

aceite vegetal aceite de sésamo

brotes de alubia vinagre de vino blanco *

guisantes mollares salsa de soja ajo

cebolletas

* o vinagre de sidra

LA LISTA DE LA COMPRA

métrico		imperial
6	tomates medianos, con un peso aprox. de 1 kg (2 ¼ lb)	6
165 g	guisantes mollares	6 oz
125 g	brotes de alubia	4 oz
3	cebolletas	3
250 g	langostinos hervidos pelados	8 oz
	sal y pimienta	
	Para la vinagreta	
1,25 cm	raíz de jengibre fresco	½ inch
1	diente de ajo	1
30 ml	vinagre de vino blanco	2 tbsp
10 ml	salsa de soja	2 tsp
5 ml	aceite de sésamo	1 tsp
75 ml	aceite vegetal	2½ fl oz

ORDEN DE TRABAJO

1. **PREPARAR LOS TOMATES Y LA VINAGRETA**

2. **PREPARAR EL RELLENO Y RELLENAR LOS TOMATES**

Tomates Rellenos al Estilo Oriental

1 Preparar los Tomates y la Vinagreta

Con el cuchillo pequeño se puede cortar bien el corazón del tomate

1. Con el cuchillo pequeño, quitar el corazón de los tomates. Si es preciso, cortar una fina rodaja en la base de cada tomate para que pueda ponerse plano. Hacer un corte en la parte superior de cada tomate.

2. Extraer y descartar las pepitas y la carne del tomate con una cuchara, dejando una pared de unos 5 mm de grosor. Espolvorear el interior de los tomates con un poco de sal. Ponerlos sobre papel absorbente y dejarlos unos 30 minutos en reposo. Mientras, preparar la vinagreta y el relleno.

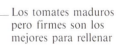
Los tomates maduros pero firmes son los mejores para rellenar

3. Preparar la vinagreta: pelar el jengibre. Con el cuchillo de cocina, cortarlo a rodajas en sentido transversal. Aplastar cada rodaja con la hoja del cuchillo y picarlas.

4. Aplastar suavemente los dientes de ajo para aflojar la piel de los mismos. Pelarlos con los dedos y descartar la piel. Picarlos finamente con el cuchillo de cocina.

5. Mezclar con el batidor en un bol el jengibre, el ajo, el vinagre, la salsa de soja y el aceite de sésamo. Incorporar poco a poco, sin dejar de mezclar, el aceite vegetal, para que la vinagreta emulsione y se espese ligeramente. Salpimentar y reservar.

Tomates Rellenos al Estilo Oriental

2 PREPARAR EL RELLENO Y RELLENAR LOS TOMATES

1 Mondar los guisantes. Cortar con los dedos el extremo de cada uno de ellos y tirar de la hebra de la vaina. Recortar la otra punta. Descartar las puntas.

2 Llenar hasta la mitad un cazo de agua salada y llevarlo a ebullición. Echar en él los guisantes y dejarlos cocer a fuego lento 3-4 minutos. Escurrir, enjuagar con agua fría y escurrir de nuevo.

3 Reservar en un bol las dos terceras partes de los guisantes. Amontonar los demás y cortarlos con el cuchillo de cocina a trocitos de unos 5 mm.

4 Poner los brotes de alubia en un bol. Verter agua hirviendo sobre los mismos y dejarlos un par de minutos en remojo. Escurrir, enjuagar con agua fría y escurrir bien de nuevo. Cortar los brotes a trocitos.

5 Recortar las raíces y la parte verde más dura de las cebolletas. Eliminar la piel exterior de las mismas y cortarlas a trocitos.

6 Cortar también a trocitos los langostinos, reservando 3 de ellos para la guarnición. Cortar éstos por la mitad en sentido longitudinal.

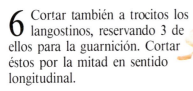

Los langostinos enteros son muy decorativos

Los trocitos de langostino no han de ser muy pequeños para dar textura al relleno.

TOMATES RELLENOS AL ESTILO ORIENTAL

7 Juntar los guisantes mollares, los brotes de alubia, las cebolletas, los langostinos y la vinagreta y remover bien. Corregir de sal. Sazonar ligeramente el interior de los tomates y rellenarlos con la mezcla.

Repartir el relleno de un modo regular

🍽 PRESENTACIÓN

Disponer en forma de abanico los guisantes reservados en cada uno de seis platos individuales. Poner un tomate relleno en cada plato y adornarlo con medio langostino. Si se quiere, se puede decorar cada ración con un cepillo de cebolleta (ver recuadro página 99).

El abanico de guisantes es la guarnición del tomate relleno

VARIANTE

TOMATES RELLENOS CON LANGOSTINOS, FETA Y ACEITUNAS NEGRAS

1 Preparar los tomates tal como se indica en la receta principal.
2 Elaborar la vinagreta: mezclar con el batidor 2 cucharadas de vinagre de vino tinto, 1-2 cucharaditas de mostaza de Dijon, sal y pimienta. Incorporar poco a poco unos 75 ml (2½ fl oz) de aceite de oliva para que la salsa emulsione y se espese ligeramente.
3 Omitir los guisantes mollares y los brotes de alubia. Llevar a ebullición un cazo de agua salada y hervir en él unos 100 g (3½ oz) de arroz. Dejar cocer el arroz hasta que esté tierno, removiendo de vez en cuando, unos 10-12 minutos. Escurrir el arroz, enjuagarlo con agua fría y escurrirlo de nuevo bien. Dejarlo enfriar unos 8-10 minutos y esponjarlo con un tenedor. Meterlo en la nevera.
4 Picar no muy finamente 5 ó 6 aceitunas negras sin hueso. Arrancar las hojas de 10-12 tallos de cilantro fresco, apilarlas en la tajadera y cortarlas a trocitos. Desmenuzar 45 g (1½ oz) de queso feta en un bol. Picar las cebolletas y cortar a trozos todos los langostinos.
5 Mezclar las aceitunas y el cilantro con el queso, las cebolletas, los langostinos y el arroz. Agregar la vinagreta y remover bien.
6 Rellenar los tomates preparados con esa mezcla.
7 Servir cada tomate sobre una hoja de escarola y decorar el plato con unas hojas de achicoria o endivia y unas finas hierbas.

HOJAS DE VID RELLENAS DE ARROZ
Dolmades

 PARA 8 PERSONAS   PREPARACIÓN: 40-45 MINUTOS   COCCIÓN: 45-60 MINUTOS

EQUIPO

- escurridor
- sartén grande con tapa *
- colador
- cuchara de metal grande
- cuchillo de cocina
- exprimidor
- cuchara de madera
- cuchillo pequeño
- plato resistente al fuego
- papel absorbente
- fuente no metálica
- cuencos
- fuente de horno
- cazos
- broquetas de metal

* también puede usarse una cacerola o una sartén normal

INGREDIENTES

- hojas de vid
- caldo de pollo
- cebollas
- limones
- menta fresca
- arroz de grano largo
- piñones
- aceite de oliva
- eneldo fresco
- pasas de Corinto

Las hojas de vid rellenas de arroz condimentado es uno de los primeros platos que se pueden encontrar en muchos países mediterráneos, especialmente en Grecia. Las hojas frescas se encuentran durante los meses de verano y deben escaldarse o hervirse antes de usarse. El resto del año también se venden enlatadas, conservadas al vacío o embotelladas en salmuera. El relleno más clásico consta de piñones, pasas de Corinto, eneldo y menta.

GANANDO TIEMPO
Las hojas rellenas pueden cocerse con 3 días de antelación y guardarse en la nevera.
* más 12 horas de maceración

métrico	LA LISTA DE LA COMPRA	imperial
40	hojas de vid en salmuera	40
750 ml	caldo de pollo o agua (más, si es preciso)	¼ pints
	Para el relleno	
60 g	piñones	2 oz
	sal y pimienta	
200 g	arroz de grano largo	6½ oz
2	cebollas medianas	2
1	manojo mediano de eneldo fresco	1
1	manojo pequeño de menta	1
2	limones	2
175 ml	aceite de oliva	6 fl oz
45 g	pasas de Corinto	1½ oz

ORDEN DE TRABAJO

1. **PREPARAR EL RELLENO**
2. **RELLENAR LAS HOJAS DE VID**
3. **COCER Y TERMINAR LAS DOLMADES**

Hojas de Vid Rellenas de Arroz

1 Preparar el Relleno

Al tostar los piñones se intensifica su sabor,

1 Calentar el horno a 190 °C (375 °F, Gas 5). Tostar los piñones en la fuente del horno hasta que estén ligeramente dorados, removiendo de vez en cuando, unos 5-8 minutos.

¡CUIDADO!
Tostar los piñones regularmente hasta que estén doraditos; si se cuecen demasiado se vuelven amargos.

2 Llenar un cazo mediano de agua salada y llevarla a ebullición. Echar el arroz y llevar de nuevo a ebullición. Dejar cocer a fuego lento hasta que el arroz esté tierno, 10-12 minutos. Remover de vez en cuando para evitar que el arroz se pegue en el fondo del cazo.

3 Mientras, pelar las cebollas dejando parte de la raíz sin cortar, y dividirlas por la mitad desde el tallo a la raíz. Ponerlas por la parte plana sobre la tajadera y hacer una serie de cortes horizontales que lleguen hasta la raíz pero sin cortarlos del todo.

4 Hacer una serie de cortes verticales dejando la raíz intacta. Cortar de través la cebolla en forma de dados, guiando el cuchillo con los nudillos.

El eneldo y la menta son las clásicas hierbas aromáticas que se usan en esta receta

5 Separar las hojas de hierba de los tallos reservando unos cuantos ramitos de menta y eneldo para decorar, y apilarlas en la tajadera. Cortarlas a trozos con el cuchillo de cocina. Exprimir el zumo de los limones; debe obtenerse unas 6 cucharadas de zumo.

Hojas de Vid Rellenas de Arroz

6 Escurrir el arroz con un colador fino, enjuagarlo con agua fría para eliminar la fécula y escurrirlo de nuevo bien.

7 Calentar una tercera parte del aceite en un cazo grande. Echar en él las cebollas y freírlas hasta que estén blandas, pero sin dejarlas dorar, 3-5 minutos.

Mezclar bien los ingredientes del relleno antes de corregirlos de sal y pimienta

Las pasas de Corinto dan un toque de dulzura al relleno

8 Echar en el cazo, mezclando, los piñones tostados, el arroz, las pasas de Corinto, las hierbas picadas, una cuarta parte del zumo de limón, sal y pimienta. Corregir de sal.

EL CONSEJO DE ANNE
«Ahora es el momento de comprobar que el relleno está bien sazonado porque los sabores se suavizan y atenúan durante la cocción.

2 Rellenar las Hojas de Vid

1 Llevar un cazo de agua a ebullición. Echar las hojas de vid en un bol y cubrirlas de agua hirviendo.

2 Separar las hojas con la cuchara de madera. Dejarlas en reposo durante unos 15 minutos o seguir las instrucciones del envase.

3 Escurrir las hojas en el escurridor, enjuagarlas con agua fría y escurrirlas de nuevo bien.

Hojas de Vid Rellenas de Arroz

4 Disponer las hojas en varias capas intercaladas con trozos de papel absorbente y secarlas con mucho cuidado.

El papel absorbe el exceso de humedad de las hojas

Las hojas de vid escaldadas son flexibles y se enrollan con facilidad

5 Poner unas 8 hojas de vid en el fondo de la sartén para evitar que las hojas rellenas se peguen a la misma.

¡CUIDADO!
Las hojas de vid se rompen fácilmente, hay que manejarlas con mucho cuidado.

El relleno de arroz está lleno de pasas y piñones

6 Poner en una de las hojas restantes sobre la superficie de trabajo, con la parte veteada hacia arriba y el tallo hacia la parte en que se trabaja. Poner un par de cucharadas de relleno de arroz en el centro de la hoja.

7 Doblar los extremos laterales de la hoja sobre el relleno. Empezando por la parte del tallo, enrollar la hoja formando un cilindro compacto que contenga el relleno. Repetir esta operación con las demás hojas.

Hacer cilindros compactos con las hojas

EL CONSEJO DE ANNE
«*Si las hojas son pequeñas, usar dos ligeramente superpuestas para cada rollo.*

Hojas de Vid Rellenas de Arroz

3 Cocer y Terminar las Dolmades

Usar la sartén adecuada para que las hojas puedan disponerse en una sola capa compacta

1 Poner los cilindros así formados en la sartén, en una sola capa compacta para evitar que se abran durante la cocción.

El caldo de pollo enriquece el sabor de las dolmades

Echar el caldo necesario para cubrir bien las dolmades

2 Verter el caldo de pollo o el agua sobre las hojas de vid. Añadir la mitad del aceite restante y la mitad del zumo de limón restante.

EL CONSEJO DE ANNE
«El caldo evita que las hojas se sequen y hace que la cocción sea uniforme».

Las hojas han de estar cubiertas de líquido durante la cocción

3 Tapar las hojas de vid con el plato resistente al fuego. Llevar a ebullición en el hornillo. Cubrir la sartén con la tapa y cocer a fuego lento durante 45-60 minutos.

¡CUIDADO!
Las hojas han de estar cubiertas de caldo durante toda la cocción; probablemente tendrá que añadir caldo o agua varias veces.

4 Para comprobar si la cocción ya es suficiente y las hojas están tiernas, pincharlas con una broqueta de metal. Dejar enfriar las hojas en la sartén.

HOJAS DE VID RELLENAS DE ARROZ

5 Poner las hojas una vez cocidas en una fuente no metálica. Rociarlas con el resto del líquido de cocción, cubrirlas y dejarlas en maceración en la nevera al menos 12 horas, hasta que los distintos sabores se asienten bien.

El caldo de cocción mantiene la humedad de las hojas durante la maceración

VARIANTE
HOJAS DE VID RELLENAS DE CORDERO Y ARROZ

La carne de cordero picada y las especias dan mayor sustancia a esta variante de las hojas de vid rellenas de arroz, que se sirve con una sencilla salsa de yogur y menta.

1 Omitir del relleno los piñones, el eneldo y las pasas de Corinto.
2 Hervir 150 g (5 oz) de arroz.
3 Sofreír la cebolla picada en 4 cucharadas de aceite de oliva. Añadir 375 g (12 oz) de carne de cordero picada a las cebollas y freír, removiendo, 5-7 minutos.
4 Picar las hojas de un manojo grande de menta fresca.

🍽 PRESENTACIÓN
Poner las hojas rellenas en una fuente de servir y rociarlas con el resto del aceite de oliva y el zumo de limón. Adornarlas con las ramitas de menta y eneldo reservadas y con unos anillos de pimiento verde, rojo y amarillo.

El zumo de limón y el afrutado aceite de oliva dan brillo a las dolmades

Las dolmades contienen un rico relleno de arroz, piñones, hierbas y pasas.

5 Mezclar la carne con el arroz, la menta, el zumo de medio limón, media cucharadita de canela en polvo, una pizca de nuez moscada, sal y pimienta.
6 Rellenar las hojas de vid del modo indicado. Usar agua en vez de caldo en la cocción.
7 Servir calientes con una salsa de yogur y menta picada. Adornar con un poco de menta fresca.

Paté de Hígado de Pollo con Manzana

PARA 6 PERSONAS ⋅ **PREPARACIÓN: 30-35 MINUTOS *** ⋅ **COCCIÓN: 12-15 MINUTOS**

Equipo

- moldes individuales de 125 ml
- robot de cocina*
- deshuesadora de manzanas
- pelapatatas
- sartén
- cuchillo pequeño
- cuencos
- cuchillo de cocina
- espátula
- cortapastas de 7,5 cm.
- tenedor de dos puntas
- espátula de goma

tajadera

cuchara de madera

cuchara de metal

espumadera

* o batidora-picadora

El suave y rico sabor del hígado de pollo contrasta agradablemente con la dulzura de las manzanas salteadas. Unas gotas de Calvados o de coñac flambeados aportan también su sabor y su aroma. Coronados con unas rodajas de manzana caramelizada, estos patés individuales constituyen un elegante primer plato.

GANANDO TIEMPO

El paté de hígado de pollo puede prepararse con dos días de antelación. Tapado y guardado en la nevera, su sabor se suaviza. Los elementos decorativos conviene prepararlos justo antes de servir el paté.

* más 2-3 horas de refrigeración

métrico	LA LISTA DE LA COMPRA	imperial
4	chalotes	4
2	dientes de ajo	2
500 g	hígado de pollo	1 lb
3	manzanas	3
250 g	mantequilla	8 oz
	sal y pimienta	
60 ml	Calvados	4 tbsp
30 ml	azúcar extrafino	2 tbsp
6	ramitas de menta fresca	6
6	rebanadas de pan integral de molde	6

Ingredientes

hígado de pollo

chalotes

calvados *

dientes de ajo

manzanas

pan integral de molde

mantequilla

azúcar extrafino

menta

* o coñac

Orden de Trabajo

1 **Preparar los Ingredientes**

2 **Elaborar el Paté de Hígado de Pollo**

3 **Preparar la Guarnición**

PATÉ DE HÍGADO DE POLLO CON MANZANA

1 PREPARAR LOS INGREDIENTES

Freír rápidamente la manzana para que conserve su forma

1 Pelar los chalotes, ponerlos sobre la tajadera y cortarlos a daditos muy pequeños. Descartar la piel de los dientes de ajo y picarlos finamente.

2 Con el cuchillo pequeño, recortar las partes membranosas del hígado de pollo. Deshuesar, pelar y cortar a dados 2 manzanas (ver recuadro).

3 Desleír 2 cucharadas de mantequilla en la sartén. Agregar los dados de manzana, sal y pimienta.

CÓMO DESHUESAR, PELAR Y CORTAR MANZANAS A DADOS

Si se elimina el corazón de la manzana con un deshuesador, la fruta queda intacta y es más fácil de cortar.

Pelar la manzana antes de cortarla a dados

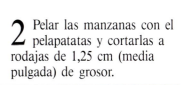

1 Introducir el deshuesador enérgicamente en el corazón de cada manzana y extraerlo.

2 Pelar las manzanas con el pelapatatas y cortarlas a rodajas de 1,25 cm (media pulgada) de grosor.

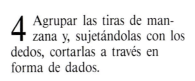

3 Amontonar las rodajas de 2 en 2, o de 3 en 3, sobre la tajadera y cortarlas a tiras medianas.

4 Agrupar las tiras de manzana y, sujetándolas con los dedos, cortarlas a través en forma de dados.

PATÉ DE HÍGADO DE POLLO CON MANZANA

La manzana aporta un matiz dulce al paté de hígado de pollo

4 Saltear las manzanas, removiendo frecuentemente, hasta que estén tiernas, 5-7 minutos. Trasladarlas a un bol con la espumadera.

Los dados se fríen con mantequilla hasta que están tiernos y dorados

5 Desleír otras dos cucharadas de mantequilla en la sartén. Añadir los hígados de pollo, sal y pimienta. Freír los hígados, removiendo, hasta que estén dorados por fuera, unos 2-3 minutos.

6 Echar en la paella los dientes de ajo y los chalotes picados.

7 Proseguir la cocción de hígados, ajo y chalotes sin dejar de remover, hasta que los chalotes estén ligeramente blandos, 1-2 minutos.

Freír los hígados rápidamente para que queden rosados por dentro

8 Sacar uno de los hígados de la sartén y cortarlo para comprobar si ya está listo. La superficie tiene que estar dorada y el centro rosado.

Paté de Hígado de Pollo con Manzana

9 Aumentar un poco la intensidad del fuego. Verter el Calvados en la sartén y llevarlo a ebullición.

Dejar que el Calvados hierva un rato para que se evapore un poco antes de flambear

Las partículas del fondo de la sartén se disuelven con el Calvados

10 Acercar una cerilla encendida al borde de la sartén para prender fuego al Calvados.
¡CUIDADO!
Las llamas pueden subir mucho, así que tenga cuidado. Use una cuchara de mango largo para flambear.

11 Ir alimentando la llama rociándola de licor con una cuchara de mango largo, 20-30 segundos. Dejar enfriar.

2 Elaborar el Paté de Hígado de Pollo

1 Echar el contenido de la sartén en el robot de cocina y reducirlo a puré. Limpiar bien la sartén.

EL CONSEJO DE ANNE
«*Los trocitos pequeños de hígado que quedan en la sartén dan textura al paté.*»

2 Con la cuchara de madera o con la batidora eléctrica, trabajar 150 g (5 oz) de mantequilla hasta obtener una masa lisa.

3 Verter el puré y los dados sobre la mantequilla.

31

Paté de Hígado de Pollo con Manzana

4 Con la cuchara de madera, mezclar bien estos ingredientes. Salpimentar.

5 Introducir el paté en seis recipientes individuales, llenándolos en sus 3/4 partes. Alisar la superficie con una cuchara mojada con agua caliente. Tapar y meter en el refrigerador 2-3 horas. Mientras, preparar la guarnición.

Alisar la superficie del paté con el dorso de una cuchara mojada con agua caliente

3 Preparar la Guarnición

1 Deshuesar, sin pelar, la manzana restante y cortarla en 6 rodajas. Desleír el resto de la mantequilla en la sartén. Añadir las rodajas de manzana y espolvorearlas con la mitad del azúcar.

El azúcar forma una capa de caramelo sobre las rodajas de manzana

No dejar que se queme el azúcar o se volverá amargo

2 Dar la vuelta a las rodajas de manzana y espolvorearlas con el resto del azúcar. Freírlas a fuego medio hasta que estén doradas y caramelizadas, 2-3 minutos por lado. Trasladarlas a una fuente y reservar. Mientras, preparar las tostadas y los ramitos de menta para decorar.

PATÉ DE HÍGADO DE POLLO CON MANZANA

Las hojas de menta dan aroma y color al plato una vez terminado

3 Arrancar con cuidado las hojas de menta de la parte superior del tallo y reservarlas para decorar.

4 Tostar las rebanadas de pan integral de molde. Aplicar el cortapastas sobre las mismas para obtener tostadas circulares, o cortarlas en forma de triángulos.

🍽 PRESENTACIÓN

Poner una rodaja de manzana caramelizada y un poco de menta fresca sobre cada paté y servir acompañado de una tostada.

La manzana caramelizada proporciona aroma al paté

VARIANTE

PATÉ DE HÍGADO DE POLLO CON NARANJA

Tacitas, bols, copas, moldes o cualquier otro contenedor de unos 5 cm de profundidad pueden ser el recipiente ideal para este sencillo paté de hígado de pollo coronado con unos gajos de naranja.

1 Omitir los las manzanas y el azúcar. Elaborar el paté del modo indicado, usando solamente 175 g (6 oz) de mantequilla y sustituyendo el Calvados por Cointreau o Grand Marnier. Llenar los recipientes con el paté y ponerlos en el refrigerador.

2 Dividir a gajos una naranja: recortar la parte superior e inferior de la misma. Eliminar la piel y la parte blanca que cubre la pulpa. Trabajando sobre un bol para aprovechar el zumo que caiga, cortar la naranja en segmentos y desprender la membrana de los gajos. Eliminar las pepitas. Poner los gajos en un plato, taparlo y meterlo en la nevera.

3 Justo antes de servir, coronar cada recipiente de paté con dos gajos de naranja y acompañarlos con unos triángulos de pan integral tostado.

Las tostadas de pan integral son el acompañamiento clásico del paté de hígado de pollo

Verdura a la Griega con Especias Picantes

Légumes à la grecque

 Para 6-8 personas  **Preparación: 25-30 minutos**   **Cocción: 25-30 minutos**

Equipo

cuencos

bramante de cocina

muselina

2 sartenes *

batidor

escurridor

cuchara de metal

cazo

cuchillo de cocina

cuchillo pequeño

espátula de madera

papel absorbente

tajadera

* o cazo hondo de metal

Ingredientes

champiñones tiernos

tomates

cebollitas

pasas

aceite vegetal

hinojo

aceite

laurel

vino blanco seco

pimienta negra

perejil

puré de tomate

semillas de cilantro

caldo de pollo

zumo de limón

tomillo fresco

Me gusta preparar este picante aperitivo con gran variedad de verduras, como champiñones e hinojo cocidos por separado a fuego lento con unas cebollitas.

Ganando Tiempo

Las verduras pueden cocerse con dos días de antelación y guardarse en la nevera. Con el reposo, los sabores se suavizan un poco.

métrico	La Lista de la Compra	imperial
500 g	tomates	1 lb
24	cebollitas	24
500 g	champiñones tiernos	1 lb
500 g	bulbos de eneldo	1 lb
60 ml	aceite vegetal	4 tbsp
60 ml	aceite de oliva	4 tbsp
	sal y pimienta	
45 g	pasas	1½ oz
Para la bolsa de especias y el caldo de cocción		
15 g	semillas de cilantro	½ oz
15 ml	granos de pimienta negra	1 tbsp
4	hojas de laurel	4
5-7	ramitos de tomillo fresco	5-7
3-4	ramitos de perejil	3-4
30 ml	puré de tomate	2 tbsp
750 ml	caldo de pollo o agua (más, si es preciso)	1¼ pints
	zumo de 1 limón	
60 ml	vino blanco seco	4 tbsp

Orden de Trabajo

1 Preparar los Ingredientes

2 Cocer las Cebollas y los Champiñones

3 Cocer las Cebollas y el Hinojo

34

Verdura a la Griega con Especias Picantes

1 Preparar los Ingredientes

La bolsita de muselina con las especias se puede retirar fácilmente al final de la cocción

1 Mezclar las semillas de cilantro, los granos de pimienta negra, el laurel, el tomillo y el perejil. Dividir esa mezcla en dos mitades y envolver cada una de ellas con un trocito de muselina.

2 Preparar el caldo de cocción: mezclar en un bol el puré de tomate con la mitad del caldo de pollo o del agua, el zumo de limón y el vino blanco.

3 Quitar el corazón de los tomates. Hacer una incisión en forma de «x» en la base de los mismos. Sumergirlos 8-15 segundos en agua hirviendo. Trasladarlos a un bol con agua fría, reservando la caliente. Una vez fríos, pelarlos y cortarlos de través por la mitad. Extraer las pepitas y cortar las dos mitades a trocitos.

4 Poner las cebollitas en un bol, cubrirlas de agua caliente y dejarlas en reposo 2 minutos. Escurrirlas y pelarlas dejando parte de la raíz sin cortar.

6 Mondar y lavar los bulbos de hinojo; recortar tallos y raíces descartando las partes duras. Cortar los bulbos por la mitad en sentido longitudinal. Cortar cada mitad a rodajas.

5 Limpiar los sombrerillos de los champiñones con un paño húmedo y cortar los tallos de los mismos. Si los sombrerillos son grandes, cortarlos en cuatro trozos.

El hinojo tiene un sutil sabor a regaliz

2 COCER LAS CEBOLLAS Y LOS CHAMPIÑONES

1 Calentar la mitad del aceite vegetal y la mitad del aceite de oliva en la sartén. Añadir la mitad de las cebollitas y saltearlas hasta que estén ligeramente doradas, unos 3 minutos.

Al incorporar el tomate, la salsa adquiere color y sabor

2 Añadir los champiñones, una de las bolsitas de especias y el tomate.

3 Verter en la sartén la mitad del caldo de cocción —debe haber el suficiente para cubrir hasta la mitad a los ingredientes. Sazonar. Aumentar la intensidad del fuego y llevar rápidamente a ebullición.

Pinchar las verduras con la punta de un cuchillo para comprobar si están tiernas

4 Cocer a fuego rápido removiendo de vez en cuando. Ir echando caldo agua a medida que se vaya evaporando para que no se peguen las verduras. Proseguir la coccion hasta que las verduras estén tiernas al pincharlas con la punta de un cuchillo pequeño, 25-30 minutos. Mientras, cocer el resto de las cebollas y el hinojo.

3 COCER LAS CEBOLLAS Y EL HINOJO

1 Calentar el resto del aceite, vegetal y de oliva, en la otra sartén, y saltear en él el resto de las cebollitas hasta que estén ligeramente doradas, unos 3 minutos.

2 Echar la segunda bolsita de especias, el caldo de cocción restante y un poco de sal en la sartén. Añadir las rodajas de hinojo y llevar rápidamente a ebullición a fuego fuerte.

Verdura a la Griega con Especias Picantes

3 Dejar hervir el caldo durante 10-12 minutos y luego añadir las pasas a la sartén con las cebollas y el hinojo. Remover para mezclar bien los ingredientes.

4 Cocer a fuego fuerte removiendo de vez en cuando y añadiendo caldo o agua a medida que se vaya evaporando. Proseguir la cocción hasta que las cebollas y el hinojo estén tiernos al pincharlos con la punta de un cuchillo, 15-20 minutos. Retirar las bolsitas de especias de ambas sartenes y corregir de sal.

Al reducirse el caldo, el sabor se hace más fuerte

 **PRESENTACIÓN**
Servir las verduras de cada sartén en platos separados a temperatura ambiente. Decorar el hinojo con un ramito de perejil, y los champiñones con uno de tomillo fresco.

Las verduras picantes se sirven en platos de cristal para que sus vivos colores se vean bien

El caldo de cocción se aromatiza con cilantro, pimienta negra, laurel, perejil y tomillo

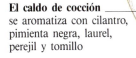

VARIANTE
Verdura a la Griega Estilo «Golden»

1 Omitir los champiñones, el hinojo y las pasas. Preparar las bolsitas de especias del modo indicado usando 20 g (3/4 oz) de semillas de cilantro, 1 cucharada y media de granos de pimienta, 4 hojas de laurel, 9-12 ramitos de cilantro fresco y 6-9 ramitos de perejil.

2 Preparar el caldo de cocción, los tomates y las cebollas del modo indicado. Separar los floretes de una coliflor pequeña. Mondar y lavar 2 calabacines (500 g/1lb de peso total) y cortarlos a rodajas de unos 5 mm. Sumergir una buena pizca de azafrán en un bol con agua hirviendo.

3 Calentar 2 cucharadas de aceite vegetal y 2 de aceite de oliva en cada sartén. Repartir las cebollitas entre ambas sartenes. Echar en una de ellas la coliflor, una bolsita de especias, la mitad del caldo de cocción, la mitad del azafrán con su líquido y sal.

4 Poner los calabacines en la otra sartén con una bolsita de especias, el tomate, el resto del caldo de cocción y de azafrán con su líquido y sal.

5 Proseguir la cocción 25-30 min. hasta que los ingredientes estén tiernos.

6 Servir en platos separados, decorando los calabacines con hojas de cilantro, y la coliflor con laurel.

Mousse de Trucha Ahumada con Rábano Picante y Eneldo

🍽 Para 8-10 personas   ⏲ Preparación: 20-25 minutos *

Equipo

molde para terrina con tapa, de 1,25 litros de capacidad

cuencos

cuchillo de cocina

cuchillo pequeño

espátula de goma

batidor *

cepillo pastelero

cazo pequeño

tajadera

* o batidora eléctrica

El Consejo de Anne
«*Si se usa un molde de aluminio o de estaño, no hay que dejar la mousse en su interior más de 4 horas, porque tanto el color como el sabor de la misma pueden verse afectados.*»

Elaborada con trocitos de trucha ahumada y una base de salsa mahonesa enriquecida con yogur, esta mousse es un refrescante aperitivo para cualquier comida. Cuando quiero darle una presentación más festiva, la preparo en un molde con forma de pescado.

Ganando Tiempo
La mousse puede prepararse con un día de antelación y guardarse, cubierta, en la nevera.

* más 3-4 horas para la refrigeración

métrico	La Lista de la Compra	imperial
2	huevos	2
3	cebolletas pequeñas	3
1	ramito de eneldo fresco	1
2	truchas ahumadas, peso total 750 g (1½ lb)	2
	aceite vegetal para el molde	
15 ml	gelatina en polvo	1 tbsp
60 ml	agua fría	4 tbsp
125 ml	salsa mahonesa	4 fl oz
125 ml	yogur	4 fl oz
60 g	rábano picante rallado	2 oz
	zumo de limón	
	sal y pimienta	
175 ml	nata para cocinar	6 fl oz
1	ramito de berros para decorar	1

Ingredientes

trucha ahumada

rábano picante fresco

eneldo fresco

berros

huevos

zumo de limón

nata

yogur natural

gelatina en polvo

salsa mahonesa

cebolletas

* también se encuentra enlatado.

Orden de Trabajo

1 Preparar los Ingredientes

2 Elaborar la Mousse

3 Desmoldar la Mousse

Mousse de Trucha Ahumada con Rábano Picante y Eneldo

1 Preparar los Ingredientes

1 Poner los huevos en el cazo, cubrirlos con agua fría y llevar a ebullición. Dejarlos cocer unos 10 minutos. Escurrirlos y dejarlos enfriar en un bol con agua fría. Quitarles la cáscara, pelarlos y enjuagarlos con agua fría. Cortarlos a trocitos.

El huevo da textura a la mousse

El huevo debe cortarse a trozos no muy pequeños

2 Mondar las cebolletas y cortarlas a rodajas finas, incluyendo la parte verde.

Al cortar el huevo sostenerlo con la punta de los dedos

4 Con ayuda del cuchillo pequeño, extraer la piel de la trucha ahumada. Separar con cuidado los filetes del pescado de su espina central. Descartar cabeza, piel y espinas.

3 Separar las hojas de eneldo de sus tallos y apilarlas en la tajadera. Picarlas finamente con el cuchillo de cocina.

La piel de la trucha ahumada se desprende fácilmente

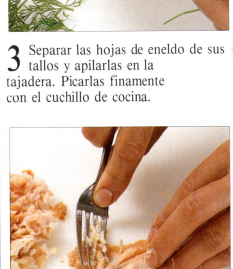

5 Sosteniendo los filetes con una mano, desmenuzar la carne de los mismo con un tenedor. Untar de aceite el molde.

6 Esparcir la gelatina en polvo en un bol con agua fría y dejarla en reposo hasta que los gránulos se vuelvan esponjosos, unos 5 minutos.

MOUSSE DE TRUCHA AHUMADA CON RÁBANO PICANTE Y ENELDO

2 ELABORAR LA MOUSSE

1 Poner las migas de trucha, el huevo picado, las cebolletas, el eneldo y la mayonesa en una ensaladera mediana. Verter en ella el yogur.

El sabor agrio del yogur compensa el fuerte sabor de la trucha

La mahonesa ayuda a ligar los distintos ingredientes

2 Añadir el rábano picante, el zumo de limón, sal y pimienta, remover hasta mezclar bien los ingredientes. Corregir de sal y pimienta.

EL CONSEJO DE ANNE
«La mousse debe estar bien sazonada».

3 Batir la nata en un bol frío hasta que se pegue al batidor al levantarlo, unos 3-5 minutos.

4 Desleír la gelatina a fuego lento en el cazo pequeño. Incorporar al cazo la mezcla con la trucha y remover bien. Finalmente, ligar los ingredientes con la nata batida.

¡CUIDADO!
No hay que perder tiempo porque la gelatina se solidifica pronto si la mousse está fría.

Aplanar la mousse en el molde con la espátula de goma

5 Llenar el molde untado de aceite con la mousse y alisar la superficie de la misma. Cubrir con la tapa y ponerla en el refrigerador hasta que esté firme, unas 3-4 horas.

3 DESMOLDAR LA MOUSSE

1 Pasar la hoja del cuchillo pequeño por los bordes del molde. Sumergir la base del mismo durante unos segundos en agua caliente para que se suelte la mousse. Secar la base del molde.

EL CONSEJO DE ANNE
«*Usar el dorso del cuchillo para no estropear la mousse*».

2 Poner una fuente rectangular sobre el molde, e invertir éste para que la mousse quede sobre la fuente.

La mousse sale fácilmente si se sumerge la base del molde en agua caliente

🍽 PRESENTACIÓN
Cortar la mousse a rodajas de unos 2 cm (3/4 de pulgada) de grosor y poner una rodaja en cada plato decorándolo con unas cuantas hojas de berro.

Las hojas de berro contrastan con la mousse

La trucha desmenuzada y el huevo picado dan textura a la mousse

---

VARIANTE

MOUSSE DE TRUCHA AHUMADA CON PIMIENTO VERDE

En esta sabrosa mousse, el pescado ahumado se mezcla con unos pimientos verdes.

1 Omitir las cebolletas, el eneldo y el rábano picante. Enjuagar y escurrir una cucharada y media de pimientos verdes.
2 Elaborar la mousse del modo indicado, añadiendo los pimientos verdes y el zumo de medio limón a la masa del pescado. Llenar el molde de la terrina y ponerlo a enfriar en la nevera.
3 Preparar una guarnición a base de pepino: pelar un pepino con el pelapatatas o cortando su piel a tiras con un cuchillo. Cortarlo a rodajas muy finas. Con un cuchillo pequeño hacer una incisión en el centro de cada rodaja.
4 Desmoldar la mousse y cortarla a rodajas de 2 cm (3/4 de pulgada) de grosor. Poner una rodaja en cada plato.
5 Retorcer las rodajas de pepino para que se aguanten rectas y decorar los platos con ellas, además de con unos gajos de limón y un poco de perejil.

Blinis con Salmón Ahumado

PARA 8 PERSONAS · **PREPARACIÓN: 25-30 MINUTOS *** · **COCCIÓN: 8-16 MINUTOS**

EQUIPO

- recipiente de metal
- batidor
- cazos
- cuchillo de cocina
- cuchillo pequeño
- sartén grande *
- fuente resistente al fuego
- cuencos
- espátula
- colador
- cucharon
- espátula de goma
- cuchara de madera

* o plancha de asar

INGREDIENTES

salmón ahumado

cebollas rojas · alcaparras · leche

harina de trigo · mantequilla

rábano · harina de alforfón

huevos · nata agria

levadura

Los blinis son una especie de tortitas de origen ruso, con una ligereza y un sabor a nuez debidos a la harina de alforfón. Normalmente se sirven con salmón ahumado o caviar, y con condimentos como rodajas de rábano, cebolla picada y alcaparras. La nata agria, junto con la mantequilla desleída (facultativamente), es el acompañamiento de rigor.

* más 2-3 horas de reposo

métrico	LA LISTA DE LA COMPRA	imperial
250 ml	leche, o más	8 fl oz
7,5 ml	levadura seca	1½ tsp
60 ml	agua tibia	4 tbsp
60 g	harina de trigo	2 oz
100 g	harina de alforfón	3½ oz
2,5 ml	sal	½ tsp
2	huevos	2
60 g	mantequilla, o más	2 oz
30 ml	nata agria	2 tbsp
	Para la guarnición	
1	cebolla roja pequeña	1
30-45 ml	alcaparras	2-3 tbsp
8	rábanos	8
175 g	lonjas de salmón ahumado	6 oz
175 ml	nata agria para servir	6 fl oz
125 g	mantequilla para servir (opcional)	4 oz

ORDEN DE TRABAJO

1. **PREPARAR LA MASA DE LOS BLINIS**
2. **PREPARAR LA GUARNICIÓN**
3. **TERMINAR LA MASA; FREÍR LOS BLINIS**

Blinis con Salmón Ahumado

1 Preparar la Masa de los Blinis

1 Verter tres cuartas partes de la leche en un cazo y llevar a ebullición a fuego moderado. Dejar entibiar la leche.

2 Mientras, poner la levadura en un pequeño bol con el agua templada y dejarla en reposo hasta que se disuelva, unos 5 minutos.

3 Mezclar la harina de trigo y la de alforfón con un poco de sal y, pasándola por el tamiz, verterla en una ensaladera. Hacer un volcán en el centro de la misma con los dedos.

La masa de harina de alforfón es brillante y de textura ligeramente pegajosa

Trabajar la masa con la cuchara de madera

4 Echar la leche y el agua de la levadura en el cráter del volcán.

5 Trabajar la masa con la cuchara de madera llevando la harina hacia el centro. Remover bien hasta obtener una masa lisa, unos 2 minutos. Humedecer un paño de cocina y cubrir con él la ensaladera. Trasladarla a un lugar caliente y dejar que suba la masa hasta que forme burbujas, como en la foto pequeña de la derecha, unas 2-3 horas. Mientras sube la masa, preparar la guarnición (ver página 44).

BLINIS CON SALMÓN AHUMADO

2 PREPARAR LA GUARNICIÓN

1 Pelar la cebolla roja sin cortar la raíz de la misma, y partirla por la mitad. Cortar cada mitad en sentido horizontal avanzando hacia la raíz pero sin atravesarla.

2 Cortar la cebolla en sentido vertical, también sin atravesar la raíz. Finalmente, cortarla de través en forma de pequeños dados. Seguir picando la cebolla hasta que los trozos sean muy pequeños y ponerlos en un cuenco pequeño.

3 Escurrir las alcaparras y cortarlas a trocitos, si son grandes. Ponerlas en otro cuenco de servir.

Conservar parte de la raíz para mantener unida la cebolla

Descartar la piel más dura de la cebolla

4 Recortar los extremos de los rábanos. Lavarlos, enjuagarlos y cortarlos a rodajas muy finas.

5 Poner las rodajas de rábano en otro cuenco de servir. Cubrir con papel protector de cocina los tres cuencos y reservar hasta el momento de servir.

6 Poner las lonjas de salmón ahumado en una fuente. Cubrirlas y guardar en la nevera.

Doblar las lonjas de salmón para hacer la presentación más atractiva

BLINIS CON SALMÓN AHUMADO

3 Terminar la Masa: Freír los Blinis

1. Calentar un poco el horno, lo justo para mantener los blinis al calor. Romper los huevos. Desleír la mitad de la mantequilla en un cazo pequeño y dejarla enfriar ligeramente. Verter el resto de la leche en la masa una vez fermentada y remover.

2. Incorporar las yemas de huevo, la mantequilla fundida y la nata agria a la masa. Echar más leche si es preciso para que la masa tenga una consistencia como de nata.

Para conseguir la textura adecuada, usar un recipiente de metal al batir claras de huevo

La yema de huevo enriquece la masa

3. Echar las claras de huevo en el recipiente de metal y batir hasta que se forme una masa que se pegue al batidor al levantarlo, unos 3-5 minutos.

¡CUIDADO!
«*No batir las claras en exceso o se volverán grumosas.*»

4. Añadir una cuarta parte de la clara batida a la masa de los blinis y remover suavemente con la espátula de goma hasta incorporarla completamente.

45

BLINIS CON SALMÓN AHUMADO

5 Verter la masa con la clara incorporada en el recipiente de metal donde está el resto de la clara.

Con la espátula de goma, es más fácil mezclar la clara con la masa

6 Trabajar de nuevo las dos masas introduciendo la espátula de goma por el centro y retrocediendo y avanzando con un movimiento rotatorio mientras, con la otra mano, se gira el recipiente en sentido contrario al de las agujas del reloj. Seguir trabajando de este modo hasta tener una sola masa homogénea.

7 Calentar la mitad de la mantequilla. Coger la masa con un cucharón para hacer unas tortitas de unos 7,5 cm de diámetro.

EL CONSEJO DE ANNE
«No freír demasiados blinis a la vez.»

En la superficie aparecen pequeñas burbujas

Con la sartén caliente, la masa se esparcirá ligeramente

8 Freír los blinis hasta que estén dorados por los dos lados 1-2 minutos.

Blinis con Salmón Ahumado

9 Trasladar los blinis a una fuente resistente al fuego, solapándolos ligeramente, y mantenerlos al calor del horno. Proseguir con la fritura de los blinis, añadiendo más mantequilla a la sartén cuando sea preciso hacerlo.

VARIANTE

BLINIS CON CAVIAR ROJO Y NEGRO

Puede usarse caviar de esturión beluga o sucedáneo, es cuestión de presupuesto.

🍽 PRESENTACIÓN

«Fundir la mantequilla. Disponer los blinis en una fuente y servirlos acompañados de la cebolla picada, las alcaparras, las rodajas de rábano y el salmón ahumado. Servir aparte un cuenco lleno de nata agria y otro con la mantequilla fundida.»

El sabroso y vistoso **salmón ahumado** es el típico complemento de los blinis

1 Preparar la masa de los blinis del modo indicado. Omitir la cebolla, las alcaparras, el rábano y el salmón.
2 Hervir 2 huevos duros. Separar las yemas de las claras y picar. Mondar dos cebolletas y cortar la parte verde de las mismas a rodajas diagonales. Terminar la masa y freír los blinis. Servir cada blini con unos 30 g (1 oz) de caviar rojo y otros 30 de caviar negro las claras y yemas de huevo duro picadas, las rodajas de cebolleta y una cucharada de nata agria.

El dulce sabor de la cebolla picada contrasta con el sabor a nueces de los blinis

GANANDO TIEMPO

Los condimentos de la guarnición se preparan con 2-3 horas de antelación y guardarse herméticamente tapados. Los blinis se pueden freír en el último momento, aunque también pueden prepararse 8 horas antes y guardarse en el horno.

Ensalada de Queso de Cabra en Escabeche

Salade de Chèvre Mariné

PARA 8 PERSONAS   **PREPARACIÓN: 20-25 MINUTOS ***   **COCCIÓN: 5-8 MINUTOS**

EQUIPO

- tarro grande de cristal con cierre hermético *
- espumadera
- escurridor
- batidor
- cepillo pastelero
- cuchillo pequeño
- espátula
- colador
- cuenco
- ensaladera
- papel absorbente
- cortapastas de 7,5 cm de diámetro
- fuente de horno

* también puede usarse un simple cuenco no metálico y taparlo con papel protector de cocina

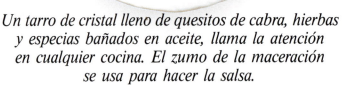

Un tarro de cristal lleno de quesitos de cabra, hierbas y especias bañados en aceite, llama la atención en cualquier cocina. El zumo de la maceración se usa para hacer la salsa.

* *más una semana para la maceración*

métrico	LA LISTA DE LA COMPRA	imperial
8	rebanadas de pan integral de molde	8
	Ingredientes para el escabeche	
4	quesitos de cabra, de unos 60-90 g (2-3 oz) cada uno, firmes pero no secos, o bien 1 trozo grande de unos 320 g (11 oz)	4
2	hojas de laurel	2
2-3	ramitos de tomillo fresco	2-3
2-3	ramitos de romero fresco	2-3
2-3	ramitos de orégano fresco	2-3
10 ml	granos de pimienta negra	2 tsp
2	chiles secos	2
500 ml	aceite de oliva, o más	16 fl oz
	Para la vinagreta	
5-7	ramitos de tomillo fresco	5-7
30 ml	vinagre de vino tinto	2 tbsp
5 ml	mostaza de Dijon	1 tsp
	sal y pimienta	
	Para la ensalada	
3	endivias, con un peso total de unos 175 g	2
1	escarola roja, de unos 250 g de peso	1

INGREDIENTES

 queso de cabra
 pan integral de molde
 endivias
 escarola roja
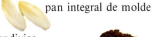 tomillo fresco
 laurel
 aceite de oliva
vinagre de vino tinto
chiles rojos secos
 granos de pimienta
mostaza de Dijon
 orégano fresco
 romero fresco

ORDEN DE TRABAJO

1 MACERAR EL QUESO

2 HACER LA VINAGRETA Y PREPARAR LA ENSALADA

3 PREPARAR LAS TOSTADAS DE QUESO

ENSALADA DE QUESO DE CABRA EN ESCABECHE

1 MACERAR EL QUESO

1. Poner los quesitos de cabra en el tarro de cristal junto con las hojas de laurel, los 2-3 ramitos de tomillo, romero y orégano, los granos de pimienta y los chiles. Cubrir los ingredientes con una abundante ración de aceite de oliva.

2. Cerrar el tarro herméticamente y dejar los quesos en maceración durante una semana por lo menos.

EL CONSEJO DE ANNE
«Si se usa un trozo grande de queso, ponerlo en un bol no metálico con los demás ingredientes, tapar con papel transparente y macerar de 1 a 3 días.»

Las hierbas aromáticas enriquecen el sabor del aceite de oliva

2 HACER LA VINAGRETA Y PREPARAR LA ENSALADA

1. Retirar los quesitos del escabeche con una espumadera, dejando escurrir el exceso de aceite.

El aceite del escabeche intensifica el sabor de la vinagreta

2. Colar el aceite. Se necesitan unos 90 ml (3 fl oz) para la vinagreta y otro poco para el pan.

EL CONSEJO DE ANNE
«Si sobra aceite, se puede emplear para preparar otras salsas».

3. Separar las hojas de 5-7 ramitos de tomillo. Mezclar en un bol con el batidor el vinagre, la mostaza, sal y pimienta. Incorporar poco a poco el aceite para que la vinagreta emulsione y se espese ligeramente.

4. Incorporar la mitad del tomillo. Probar y corregir de sal, en caso necesario.

ENSALADA DE QUESO DE CABRA EN ESCABECHE

5 Lavar las endivias con un paño húmedo, mondarlas y descartar las hojas menos bonitas. Separar las demás hojas.

6 Lavar cuidadosamente la escarola roja con agua corriente fría. Descartar los tallos más duros y dejarla un rato en el escurridor.

7 Poner las hojas de endivia en la ensaladera. Romper la escarola a trocitos y ponerlos en la ensaladera, revolviendo suavemente con las manos.

3 PREPARAR LAS TOSTADAS DE QUESO

2 Con el cortapastas, dar forma redonda a las rebanadas de pan integral de molde.

1 Calentar el horno a 200 °C (400 °F, Gas 6). Cortar cada queso por la mitad en sentido horizontal.

EN CONSEJO DE ANNE
«Si se usa un trozo de queso grande, cortarlo en 8 tajadas iguales».

El pan sobrante puede tostarse y rallarse para otros usos

3 Poner estos círculos de pan integral en la fuente de horno y untarlos con el aceite de oliva pasado por el colador. Tostarlos ligeramente en el horno, 3-5 minutos.

Las tostadas han de ser algo más grandes que los quesitos

Al fundirse, el queso se esparce sobre las tostadas

4 Calentar la parrilla del horno. Poner un trozo de queso encima de cada tostada. Asar hasta que el queso burbujee y se dore, unos 2-3 minutos.

El tomillo fresco combina muy bien con el queso de cabra

Las tostadas con queso caliente contrastan con la ensalada fría

🍽 PRESENTACIÓN
Aderezar la ensalada con la vinagreta y repartirla en ocho platos individuales. Poner las tostadas con el queso sobre la ensalada y espolvorearlas con el tomillo restante. Servir inmediatamente.

VARIANTE
ENSALADA DE QUESO DE CABRA CON PAN RALLADO

1 Macerar el queso de cabra tal como se indica en la receta principal.
2 Preparar la vinagreta del modo indicado.
3 Omitir las endivias. Recortar los tallos de 1 manojo de berros, lavarlos y escurrir. Preparar una escarola roja y revolverla con los berros.
4 Poner 45 g (1½ oz) de harina sobre una hoja de papel antigrasa. Batir un huevo con una pizca de sal en un plato hondo. Poner 60 g (2 oz) de pan rallado sobre otra hoja de papel. Pasar los trozos de queso por la harina, sumergirlos en el huevo batido y finalmente rebozarlos con el pan rallado. Usar 2 tenedores para dar la vuelta a los quesos.
5 Calentar 15 g (½ oz) de mantequilla en la sartén junto con 1 cucharada del aceite de la marinada y saltear los trozos de queso en dos turnos hasta que estén ligeramente dorados y crujientes, 1-2 minutos por lado. Añadir 15 g (½ oz) más de mantequilla y otra cucharada de aceite a la sartén para freír el segundo grupo de trozos de queso.
6 Revolver la ensalada con la vinagreta y repartirla en platos individuales. Servirla con el queso caliente a un lado.

GANANDO TIEMPO
Los quesitos individuales pueden conservarse con el escabeche en el refrigerador durante 3-4 semanas, pero si se dejan demasiado tiempo se reblandecen. No macerar el queso blando durante más de 3 días. Tostar el pan y preparar la ensalada justo antes de servir.

Rollos de Primavera con Lechuga y Menta Fresca

Para 8 personas · **Preparación: 40-45 minutos** * · **Cocción: 15-25 minutos**

Equipo

- wok *
- cuchillo de cocina
- cepillo pastelero
- cuencos
- espátula
- batidor
- escurridor
- cuchillo pequeño
- fuente resistente al fuego
- colador
- exprimidor
- papel absorbente
- pinzas
- tajadera
- pincho de metal

* o sartén grande

Una guarnición de lechuga fresca y hojas de menta, servidas por los propios comensales en la mesa, alegra este festín oriental de rollos de primavera.
* más 30 minutos de remojo

La Lista de la Compra

métrico		imperial
16	rectángulos de pasta de huevo para los rollos de primavera	16
1	huevo	1
1	lechuga fresca mediana	1
125 ml	aceite vegetal para freír, o más	4 fl oz
1	ramito de menta fresca	1
	Para el relleno	
30 g	champiñones shiitake secos	1 oz
60 g	tallarines «de celofán»	2 oz
1	cebolla mediana	1
2	dientes de ajo	2
30 ml	aceite vegetal	2 tbsp
250 g	carne de cerdo picada	8 oz
45 ml	nam pla o patis (salsa de pescado)	3 tbsp
5 ml	azúcar granulado	1 tsp
	pimienta negra en polvo	
	Para la salsa chile	
6	dientes de ajo	6
2	limas	2
250 ml	agua	8 fl oz
125 ml	salsa de pescado	4 fl oz
1	pizca de chile en polvo	1
60 ml	miel	4 tbsp

Ingredientes

- lechuga fresca
- menta fresca
- pasta de huevo para los rollos
- tallarines «de celofán»
- carne de cerdo picada
- aceite vegetal
- dientes de ajo
- miel
- limas
- salsa de pescado
- huevo
- champiñones shiitake secos
- chile en polvo
- azúcar
- cebolla

El Consejo de Anne
«La pasta de huevo es más resistente y más fácil de usar que la típica pasta de los rollos de primavera».

Orden de Trabajo

1. **Preparar el Relleno**
2. **Preparar los Rollos**
3. **Preparar la Lechuga; Elaborar la Salsa**
4. **Freír los Rollos**

Rollos de Primavera con Lechuga y Menta Fresca

1 Preparar el Relleno

1 Sumergir los champiñones secos en un cuenco con agua caliente hasta que se hinchen, unos 30 minutos. Mientras, sumergir los tallarines «de celofán» en otro cuenco con agua caliente, hasta que estén blandos, unos 15 minutos.

Los champiñones secos tienen un sabor fuerte

El agua caliente reblandece los frágiles tallarines «de celofán»

2 Escurrir los tallarines y cortarlos a trocitos de unos 5 cm (2 pulgadas) de longitud. Escurrir los champiñones y cortarlos a trocitos muy pequeños.

EL CONSEJO DE ANNE
«Una vez remojados, los tallarines son muy fáciles de cortar».

3 Pelar la cebolla dejando parte de la raíz sin cortar, y partirla en dos mitades. Cortar cada mitad a rodajas primero horizontalmente y luego verticalmente, sin separarlas de la raíz.

4 Finalmente, cortarlas de través en forma de pequeños dados. Seguir cortando hasta obtener una picada fina.

Remover el ajo constantemente para que se dore de modo uniforme

El ajo se vuelve más fragante al dorarse

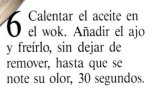

5 Poner la hoja del cuchillo plana sobre cada diente de ajo y golpearla con el puño. Descartar la piel del ajo y picarlo finamente.

6 Calentar el aceite en el wok. Añadir el ajo y freírlo, sin dejar de remover, hasta que se note su olor, 30 segundos.

Rollos de Primavera con Lechuga y Menta Fresca

Remover constantemente para combinar los ingredientes y para evitar que se peguen

7 Añadir la cebolla picada y proseguir la cocción hasta que esté blanda, 1-2 minutos.

8 Añadir la carne de cerdo y freír, sin dejar de remover, 3-5 minutos. Incorporar los champiñones, los tallarines, la salsa de pescado, el azúcar y la pimienta negra. Corregir de sal.

Los tallarines «de celofán» se funden con la carne de cerdo y los champiñones

2 PREPARAR LOS ROLLOS

Poner el relleno sobre la pasta ayudándose con la punta del dedo.

1 Poner una hoja de papel absorbente sobre la superficie. Repartir los rectángulos de pasta de huevo por una de sus mitades y doblar la otra para mantener la humedad. Batir ligeramente el huevo.
EL CONSEJO DE ANNE
«*Esta pasta no necesita mantener la humedad.*»

Poner el relleno sobre la pasta de modo que al enrollarla adquiera una forma cilíndrica

2 Poner uno de los rectángulos de pasta sobre la superficie de trabajo con una de las puntas en dirección a usted. Tapar las demás de nuevo con el papel absorbente. Echar 1 o 2 cucharadas de relleno en la parte inferior de cada rectángulo de pasta.

Rollos de Primavera con Lechuga y Menta Fresca

3 Doblar la esquina inferior del rectángulo de pasta sobre el relleno.

La pasta de los rollos se rompe fácilmente por lo que hay que manejarla con sumo cuidado

4 Con el cepillo pastelero o con los dedos, untar los extremos laterales de la pasta con huevo batido. Doblarlos sobre el extremo inferior y el relleno y presionar para que se junten bien.

5 Untar con huevo batido el extremo superior del rectángulo para que el rollo quede bien sellado al final.

6 Sostener firmemente el rectángulo de pasta con ambas manos y enrollarlo dándole forma de cilindro compacto.

El huevo batido ayuda a cerrar bien los rollos

7 Al llegar al extremo superior, presionar la pasta para sellarla. Poner el rollo en la fuente.

8 Repetir esta misma operación con los demás rectángulos de pasta y colocarlos en la fuente. Reservar.

55

Rollos de Primavera con Lechuga y Menta Fresca

3 Preparar la Lechuga; Elaborar la Salsa

1 Extraer el corazón de la lechuga con el cuchillo pequeño. Poner la lechuga, por la parte del corazón, bajo un chorro de agua fría, de forma que la propia fuerza del agua vaya separando sus hojas. Deben obtenerse por lo menos 16 hojas. Lavarlas bien y sacudirlas para que se sequen.

Hacer una incisión profunda con el cuchillo para extraer el corazón de la lechuga

Sostener firmemente la lechuga mientras se corta el corazón de la misma

2 Envolver la lechuga con papel absorbente y guardarla en la nevera mientras se fríen los rollos de primavera.

3 Pelar y picar finamente el ajo. Exprimir las limas. Deben obtenerse 75 ml (2½ oz) de zumo. Mezclar el ajo, el zumo de lima, el agua, la salsa de pescado y los chiles. Añadir la miel.

4 Freír los Rollos

1 Mantener los rollos al calor en el horno. Calentar el aceite vegetal en el wok. Freír los rollos por turnos, 3-5 minutos. Añadir más aceite si es necesario.

2 Dar la vuelta a los rollos durante la cocción hasta que estén uniformemente dorados y el relleno caliente.

Usar las pinzas para dar la vuelta a los rollos

Rollos de Primavera con Lechuga y Menta Fresca

Comprobar con el pincho si el relleno ya está a punto

En el wok caben perfectamente tres rollos

3 Para comprobar que el relleno ya está a punto, insertar un pincho de metal en el rollo. El pincho debe estar caliente al retirarlo al cabo de unos 30 segundos.

4 Trasladar los rollos fritos a una fuente resistente al calor forrada con papel absorbente. Mantenerlos al calor del horno.

🍽 PRESENTACIÓN

Disponer las hojas de lechuga y las de menta en platos individuales de servir. Repartir los rollos entre ellos y servir junto a una tacita llena de salsa agridulce para untar.

Envolver cada rollo en una hoja de lechuga con una hoja de menta en su interior, y mojarlo en la salsa

VARIANTE
Rollos de Primavera Rellenos de Langostinos

1 Omitir la lechuga y la menta de la receta principal. Preparar una ensalada de zanahoria: rallar 6 zanahorias peladas en un robot de cocina o con el rallador de mano. Poner en una ensaladera 125 ml (4 fl oz) de agua, 1 cucharada de vinagre de sidra, 1 cucharada de azúcar granulado y media cucharadita de sal; añadir las zanahorias. Dejar en maceración por lo menos 1 hora.

2 Mientras, preparar los champiñones, tallarines «de celofán», cebolla y ajo del modo indicado. Omitir la carne de cerdo. Cortar a trocitos 250 g (8 oz) de langostinos hervidos pelados. Con el cuchillo pequeño, pelar un trozo de raíz de jengibre fresca de 1,25 cm (media pulgada). Cortarlo a láminas finas en sentido transversal a la fibra de la raíz. Aplastar cada lámina con la hoja del cuchillo y cortarla a trocitos.

3 Calentar el ajo y el jengibre con el aceite. Añadir la cebolla y sofreírla hasta que esté blanda, 1-2 minutos. Añadir los langostinos y freírlos unos 30 segundos. Añadir los demás ingredientes del relleno del modo indicado.

4 Preparar la salsa chile del modo indicado.

5 Preparar y freír los rollos del modo indicado, y servirlos acompañados de la salsa y de la zanahoria (bien escurrida).

GANANDO TIEMPO

La salsa de untar puede prepararse con 8 horas de antelación y guardarse en la nevera; añadir los chiles en polvo una hora antes de servir para que la salsa no sea tan fuerte. Los rollos pueden prepararse 8 horas antes y guardarse, tapados, en la nevera. Freírlos justo antes de servir.

CHAMPIÑONES RELLENOS DE NUECES A LAS FINAS HIERBAS

🍽 PARA 4 PERSONAS   ⏲ PREPARACIÓN: 25-30 MINUTOS   🍲 COCCIÓN: 15-25 MINUTOS

EQUIPO

- cuchillo de cocina
- cuchillo pastelero
- cuchillo pequeño
- sartén honda

- cuchara de madera
- rallador de queso
- papel absorbente

fuente de horno mediana

cuencos

tajadera

INGREDIENTES

sombrerillos de champiñón grande

champiñones frescos   estragón fresco

tomillo fresco

perifollo fresco *

zumo de limón

queso parmesano

dientes de ajo   aceite de oliva

nueces   nata para cocinar

* o perejil

Los champiñones rellenos son un bocado exquisito. El relleno de éstos lo hemos preparado con trocitos de champiñón y nueces y los hemos perfumado con ajo y hierbas aromáticas.

GANANDO TIEMPO
Los champiñones pueden rellenarse con 4 horas de antelación y guardarse, tapados, en la nevera. Cocerlos con el horno a 180 °C (350 °F, Gas 4) durante unos 10-15 minutos.

métrico	LA LISTA DE LA COMPRA	imperial
12	sombrerillos de champiñón, con un peso de 500 g (1 lb)	12
45-60 ml	queso parmesano rallado	3-4 tbsp
	Para el relleno	
90 g	champiñones frescos tipo shiitake, o 20 g (3/4 oz) de champiñones secos	3 oz
12-14	ramitos de estragón fresco	12-14
10-12	ramitos de perifollo fresco	10-12
7-10	ramitos de tomillo fresco	7-10
100 g	nueces peladas	3½ oz
3 g	dientes de ajo	3
60 ml	aceite de oliva, más el necesario para la fuente del horno	4 tbsp
	el zumo de ½ limón	
	sal y pimienta	
90 ml	nata para cocinar	3 fl oz

ORDEN DE TRABAJO

1 PREPARAR LOS CHAMPIÑONES Y EL RELLENO

2 RELLENAR Y HORNEAR LOS CHAMPIÑONES

Champiñones Rellenos de Nueces a las Finas Hierbas

1 Preparar los Champiñones y el Relleno

1 Arrancar los tallos de los champiñones grandes, dejando enteros los sombrerillos para rellenarlos. Lavar éstos con un paño húmedo. Recortar los tallos.

Extraer los tallos con cuidado para no estropear los sombrerillos

Los sombrerillos de champiñón son perfectos para rellenar

2 Limpiar los champiñones frescos y cortar los tallos de los mismos. Si se usan champiñones secos, ponerlos en remojo en agua caliente unos 30 minutos. Escurrirlos y cortarlos a trozos.

3 Cortar a rodajas los champiñones frescos y los tallos grandes. Amontonar las rodajas y cortarlas en forma de dados. Picar éstos finamente. Alternativamente, triturarlos en el robot de cocina procurando no convertirlos en puré.

Estragón, perifollo y tomillo aromatizan el relleno de champiñones

4 Reservar 4 ramitos de cada hierba. Picar las hierbas restantes. Mezclar una cuarta parte de las hierbas picadas con el queso parmesano y reservar para napar los champiñones.

Cómo Picar Hierbas Frescas

Estragón, romero, perifollo, perejil, eneldo, albahaca, cebolletas y tomillo son hierbas que normalmente se pican o cortan a trocitos muy pequeños antes de mezclarlas con otros ingredientes. Las más delicadas, como la albahaca, se rompen fácilmente, por lo que conviene no picarlas demasiado finamente.

Las hojas han de separarse de los tallos leñosos

1 Separar las hojas o los ramitos de los tallos. Hacer un montón con ellos en la tajadera.

2 Cortar las hojas a trozos pequeños. Sujetando la punta del cuchillo contra la superficie de trabajo, hacer un movimiento de avance y retroceso con el filo del cuchillo, picando las hierbas hasta el punto deseado.

EL CONSEJO DE ANNE

«*Si se usa una gran cantidad de hierbas, o de ramitos, formar un manojo con ellas para cortarlas.*»

CHAMPIÑONES RELLENOS DE NUECES A LAS FINAS HIERBAS

Las tres hierbas mezcladas tienen un sabor muy característico

5 Cortar a trozos las nueces. Poner la hoja plana del cuchillo de cocina sobre cada diente de ajo y golpearla con el puño. Extraer la piel del ajo y picar éste finamente.

Las nueces dan una textura crujiente al relleno

6 Calentar la mitad del aceite en la sartén. Añadir los champiñones y el ajo picados junto con el zumo de limón, sal y pimienta. Cocer, sin dejar de remover, hasta que todo el líquido se haya evaporado, 3-5 minutos. Incorporar la nata y proseguir la cocción hasta que espese ligeramente, 1-2 minutos. Añadir las nueces y las hierbas picadas y remover. Corregir de sal.

2 RELLENAR Y HORNEAR LOS CHAMPIÑONES

Rellenar bien los champiñones porque la cocción hace encoger ligeramente a los ingredientes

Una vez aderezados, los sombrerillos ya pueden rellenarse

1 Calentar el horno a 180 °C (350 °F, Gas 4). Untar ligeramente de aceite la fuente de horno. Salpimentar los sombrerillos de champiñón. Poner 1-2 cucharadas de relleno en cada uno de ellos, apretando bien. Colocar los champiñones así preparados en la fuente de horno.

CHAMPIÑONES RELLENOS DE NUECES A LAS FINAS HIERBAS

El parmesano rallado adquirirá un hermoso tono dorado al hornear los champiñones

2 Espolvorear cada champiñón con una cucharadita de queso parmesano rallado y finas hierbas. Verter el resto del aceite uniformemente sobre los mismos. Meter la fuente en el horno hasta que los sombrerillos estén tiernos al pincharlos con la punta de un cuchillo y el relleno esté muy caliente, unos 15-20 minutos.

🍽 PRESENTACIÓN
Servir los champiñones en una fuente grande o en platos individuales. Decorar con las hierbas reservadas y unas cuantas nueces estratégicamente colocadas.

El relleno de champiñones y nueces intensifica su sabor gracias al queso y a las finas hierbas.

VARIANTE
CHAMPIÑONES RELLENOS DE QUESO Y TOMATE

Los sabrosos tomates maduros se combinan en el relleno de esta receta con dos tipos distintos de queso.

1 Omitir el relleno de champiñones y hierbas; picar solamente 3-5 ramitos de estragón fresco y otros 3-5 de perifollo o perejil.
2 Preparar los sombrerillos de champiñón del modo indicado; descartar los tallos.
3 Cortar 60 g (2 oz) de queso mozzarella a dados medianos.
4 Escurrir 4 cucharadas de tomates maduros en aceite y ponerlos en la picadora junto con 4 dientes de ajo pelados y 175 g (6 oz) de queso tipo «ricotta». Convertir estos ingredientes en un puré. Alternativamente, cortar los tomates y el ajo a mano con el cuchillo de cocina y luego mezclarlos con el queso.
5 Trasladar esta mezcla a una ensaladera y mezclarla con las hierbas picadas y la mozzarella. Sazonar el relleno con sal y pimienta.
6 Rellenar los champiñones con esa mezcla de queso y tomate. Espolvorearlos con 30 g (1 oz) de queso parmesano rallado, equitativamente repartido entre todos. Rociar con el aceite y ponerlos al horno.

Bollitos de Queso con Espinacas y Salmón Ahumado

Gougères Farcies

🍽 Para 8 personas   🥣 Preparación: 40-45 minutos   ♨ Cocción: 30-35 minutos

EQUIPO

- cazos
- cuchillo de cocina
- cepillo pastelero
- sartén
- cuencos
- colador
- rejilla
- rallador
- espátula
- cuchillo de sierra
- cuchara de madera *
- 2 fuentes de horno
- tajadera

* o batidora eléctrica

Estos bollitos de queso son típicos de Borgoña, y se encuentran en los escaparates de casi todas las panaderías. Aquí les hemos dado un toque moderno rellenándolos con espinacas y salmón ahumado. No hace falta decir que una buena copa de vino de Borgoña es el mejor de los acompañamientos posibles.

INGREDIENTES

- salmón ahumado
- espinacas frescas *
- queso de nata
- leche
- cebolla
- dientes de ajo
- mantequilla
- nuez moscada en polvo
- huevos
- queso de Gruyère
- harina de trigo

* o congeladas

métrico	LA LISTA DE LA COMPRA	imperial
	Para la pasta choux	
150 g	harina	5 oz
75 g	mantequilla sin sal, más la necesaria para untar las fuentes	2¾ oz
125 g	queso Gruyère	4 oz
250 ml	agua	8 fl oz
6,25 ml	sal	1¾ tsp
5-6	huevos	5-6
	Para el relleno de espinacas y salmón	
1	cebolla mediana	1
4	dientes de ajo	4
1 kg	espinacas frescas	2 lb
175 g	salmón ahumado	6 oz
250 g	queso de nata	8 oz
30 g	mantequilla	1 oz
1	pizca de nuez moscada en polvo	1
	sal y pimienta	
60 ml	leche	4 tbsp

ORDEN DE TRABAJO

1. **Preparar la Masa de la Pasta Choux**

2. **Glasear y Hornear los Bollitos de Queso**

3. **Preparar el Relleno; Rellenar los Bollitos**

62

BOLLITOS DE QUESO CON ESPINACAS Y SALMÓN AHUMADO

1 PREPARAR LA MASA DE LA PASTA CHOUX

1 Pasar la harina por el cedazo y ponerla en una ensaladera. Untar con mantequilla fundida las dos fuentes de horno. Calentar el horno a 190 °C (375 °F, Gas 5).

2 Rallar el gruyère con la parte gruesa del rallador. Reservar el queso así rallado. Cortar la mantequilla a trozos pequeños.

3 Derretir la mantequilla junto con el agua y 3,75 ml (algo menos de una cucharadita) de sal en un cazo mediano. Llevar a ebullición.

¡CUIDADO!
«*La mantequilla debe derretirse antes de que hierva el agua o la evaporación variará las proporciones de la masa.*»

Echar toda la harina de una sola vez sobre la mezcla con la mantequilla derretida

La cuchara de madera es lo más indicado para trabajar la masa y eliminar los grumos

4 Retirar el cazo del fuego y echar en el mismo toda la harina de una sola vez. Remover enérgicamente la masa así formada con la cuchara de madera.

5 Seguir trabajando la masa hasta formar una bola de pasta lisa que no se pegue al recipiente, 1 minuto más o menos. Poner de nuevo el cazo en el hornillo y, a fuego muy bajo, seguir trabajando la masa unos 30 segundos.

Bollitos de Queso con Espinacas y Salmón Ahumado

6 Retirar el cazo del fuego. Añadir 4 huevos, de uno en uno, batiendo bien. Batir el quinto huevo e incorporarlo poco a poco hasta que la masa sea suave y brillante. Tal vez no sea preciso todo el quinto huevo.

Echar los huevos de uno en uno y batir bien

7 Comprobar si se ha añadido suficiente huevo cogiendo un poco de pasta con la cuchara y sosteniéndola sobre el cazo. La masa debe caer de la cuchara antes de poder contar hasta tres.

Con dos cucharas es más fácil dar forma al bollito

La pasta del bollo debe ser pegajosa y lo bastante firme para poder darle forma

8 Incorporar la mitad del queso gruyère rallado a la masa, removiendo bien.

9 Usando dos cucharas, poner ocho montoncitos de masa de unos 6 cm de diámetro en las fuentes de horno, dejando espacio para que se hinchen al cocerse.

2 GLASEAR Y HORNEAR LOS BOLLITOS DE QUESO

1 Preparar la glasa de huevo: batir suavemente el huevo restante con media cucharadita de sal. Untar con esta glasa los montoncitos de pasta choux.

Con la misma acción de untar la masa, alisarla con el pincel

2 Esparcir el resto del queso sobre los bollitos. Ponerlos en el horno ya caliente hasta que estén firmes y dorados, 30-35 minutos.

3 Con ayuda de la espátula, retirar los bollitos una vez cocidos y ponerlos sobre la rejilla.

Cortar los bollitos para que se escape el vapor y queden crujientes

4 Con el cuchillo de sierra cortar la parte superior de cada bollito y dejarlos enfriar, 5-10 minutos.

3 PREPARAR EL RELLENO; RELLENAR LOS BOLLITOS

1 Pelar la cebolla dejando sin cortar parte de la raíz y partirla longitudinalmente por la mitad. Poner cada mitad por la parte plana sobre la tajadera y cortarla en sentido horizontal primero y vertical después sin cortar totalmente la raíz. Finalmente, cortarla de través en forma de pequeños dados.

2 Poner la hoja plana del cuchillo de cocina sobre cada diente de ajo y golpearla con el puño. Pelar los ajos y picarlos.

Bollitos de Queso con Espinacas y Salmón Ahumado

3 Descartar las partes duras y los tallos de las espinacas y lavar bien las hojas de las mismas.

Eliminar las partes fibrosas de las espinacas antes de la cocción

4 Llevar a ebullición un cazo grande de agua con sal. Echar en él las espinacas y cocerlas a fuego lento hasta que estén tiernas, 1-2 minutos.

5 Escurrir las espinacas, enjuagarlas con agua fría y escurrirlas de nuevo. Exprimir las espinacas cocidas para eliminar el exceso de agua que puedan contener, y picarlas finamente.

Sujetando el cuchillo con ambas manos, es más fácil picar las espinacas

6 Cortar el salmón ahumado a tiras de 5 mm × 7,5 cm (¼ × 3 pulgadas). Cortar el queso de nata en forma de dados.

7 Desleír la mantequilla en la sartén. Echar en ella la cebolla y sofreírla hasta que esté tierna pero no dorada, 3-5 minutos. Añadir el ajo y la nuez moscada, sal y pimienta al gusto, y las espinacas. Proseguir la cocción, removiendo de vez en cuando, hasta que todo el líquido de las espinacas se haya evaporado, unos 5 minutos más.

8 Añadir el queso de nata y remover hasta incorporarlo completamente. Retirar la sartén del fuego.

9 Añadir dos terceras partes del salmón ahumado y verter la leche sobre las espinacas. Remover bien, calentar 1-2 minutos y corregir de sal y pimienta.

La leche suaviza la mezcla de espinacas

El salmón ahumado se cuece ligeramente en el calor de la mezcla

10 Poner 2 o 3 cucharadas de relleno en cada bollito de queso. Poner las restantes tiras de salmón sobre cada bollito formando una especie de rejilla.

🍽 PRESENTACIÓN
Poner un bollito en cada plato. Apoyar la parte cortada del mismo sobre la parte con el relleno y servir de inmediato.

La pasta choux aromatizada con queso queda deliciosamente crujiente

La rejilla de salmón ahumado es un toque sumamente decorativo

VARIANTE
ROSQUILLAS DE QUESO RELLENAS DE ESPINACAS Y CHAMPIÑONES

Los champiñones sustituyen al salmón ahumado en el relleno de espinacas de estas rosquillas.

1 Preparar la pasta choux. Ponerla en una manga pastelera con una boquilla normal de 1 cm de grosor.
2 Hacer un círculo de pasta choux de 10 cm (4 pulgadas) de diámetro sobre una fuente de horno untada de mantequilla. Hacer otro círculo de pasta exactamente encima del primero. Repetir ocho veces. Untar las rosquillas con glasa de huevo y hornearlas del modo indicado.
3 Preparar el relleno: omitir el salmón ahumado. Lavar 375 g (12 oz) de sombrerillos de champiñón con un paño húmedo; arrancar los tallos y cortar los champiñones a rodajas finas. Freír las cebollas, añadir los champiñones con el ajo y saltear hasta que estén tiernos, unos 5 minutos; reservar unas cuantas rodajas de champiñón para decorar las rosquillas. Añadir las espinacas a la sartén y terminar el relleno.
4 Abrir por la mitad las rosquillas. Poner una en cada plato. Cubrir la mitad inferior con el relleno y taparla con la mitad superior. Decorar con las rodajas de champiñón reservadas.

GANANDO TIEMPO
La pasta y el relleno pueden prepararse con 6 horas de antelación y guardarse en la nevera. Hornear los bollitos 1 hora antes. Recalentar la mezcla con las espinacas y rellenarlos antes de servir.

Vieiras Cocidas con Salsa de Sidra

🍽 Para 6 Personas   ⏲ Preparación: 45-50 minutos   🍲 Cocción: 2-3 minutos

Equipo

- 6 conchas de vieira
- cuchillo para preparar pescado
- robot de cocina *
- cuchillo de cocina
- batidor
- cuchillo pequeño
- espumadera
- cuchara de madera
- colador pequeño
- cepillo pastelero
- pelapatatas
- manga pastelera con boquilla de estrella
- cazos con tapa
- triturador de patatas
- cuencos
- exprimidor
- escurridor
- espátula de goma

* o picadora

Una cremosa salsa de sidra complementa el dulce sabor de las vieiras, que se sirven en sus conchas. El puré de patatas aderezado con ajo y hierbas, y aplicado con la manga pastelera completa este atractivo plato.

métrico	La Lista de la Compra	imperial
500 g	vieiras grandes	1 lb
2	chalotes	2
2	limones	2
125 ml	sidra	4 fl oz
250 ml	agua	8 fl oz
125 ml	vino blanco seco	4 fl oz
30 g	mantequilla	1 oz
30 ml	harina	2 tbsp
2	yemas de huevo	2
125 ml	nata	4 fl oz
	Para el puré de patatas	
500 g	patatas	1 lb
	sal y pimienta	
4-6	ramitos de perejil	4-6
4-6	ramitos de estragón fresco	4-6
2	dientes de ajo	2
60 g	mantequilla	2 oz
2	yemas de huevo	2
	Para la glasa de huevo	
1	huevo	1
2,5 ml	sal	½ tsp

Ingredientes

vieiras, sidra, chalotes, limones, dientes de ajo, mantequilla, vino blanco seco, estragón fresco, perejil, harina, patatas, huevo, nata, yemas de huevo

Orden de Trabajo

1 Preparar y Aplicar el Puré de Patatas

2 Preparar y Cocer las Vieiras

3 Hacer la Salsa de Sidra

4 Terminar el Plato

VIEIRAS COCIDAS CON SALSA DE SIDRA

1 PREPARAR Y APLICAR EL PURÉ DE PATATAS

1 Pelar las patatas y cortarlas en 2-3 trozos cada una. Ponerlas en un cazo con agua salada, tapar y llevar a ebullición. Dejar cocer a fuego lento hasta que las patatas estén tiernas, 15-20 minutos.

2 Mientras, arrancar las hojas del perejil y del estragón de sus tallos. Pelar los dientes de ajo.

Las hierbas, el ajo y la mantequilla enriquecen el puré de patatas

Con el robot de cocina, preparar el puré es muy fácil

3 Echar la mantequilla, el ajo y las hierbas en el robot de cocina y ponerlo en marcha hasta conseguir un puré fino con estos tres ingredientes.

Las patatas tiernas se chafan fácilmente

Cuando están bien cocidas, el tenedor penetra fácilmente

4 Para comprobar si las patatas están tiernas, pincharlas con un tenedor; no deben ofrecer resistencia. Escurrirlas y ponerlas de nuevo en el cazo.

5 Chafar las patatas con el triturador, procurando que no queden trozos sin chafar.

Vieiras Cocidas con Salsa de Sidra

Retirar el cazo del fuego al incorporar las yemas para que se cuezan poco a poco

6 Mezclar el puré de hierbas y el puré de patatas con el fuego bajo hasta obtener una masa suave, 2-3 minutos. Retirar del fuego e incorporar las yemas de huevo, de una en una. Salpimentar. Dejar enfriar un poco.

7 Introducir el puré de patatas en la manga pastelera con la boquilla de estrella. Una vez llena, retorcer el extremo de la misma hasta que no queden bolsas de aire en su interior.

8 Aplicar el puré de patatas en forma de rosetas en torno a los bordes de cada vieira.

EL CONSEJO DE ANNE
«Alternativamente, extender el puré de patatas por los bordes de las vieiras y decorarlo con las puntas de un tenedor.»

La glasa de huevo hará que las rosetas de puré se vuelvan de color dorado una vez untadas y gratinadas

9 Preparar la glasa de huevo; batir suavemente el huevo con un poco de sal. Untar de glasa el borde de puré de patatas. Poner las vieiras en la fuente del grill.

Las rosetas de puré de patatas forman una decorativa curva en los bordes de las conchas

Vieiras Cocidas con Salsa de Sidra

2 Preparar y Cocer las Vieiras

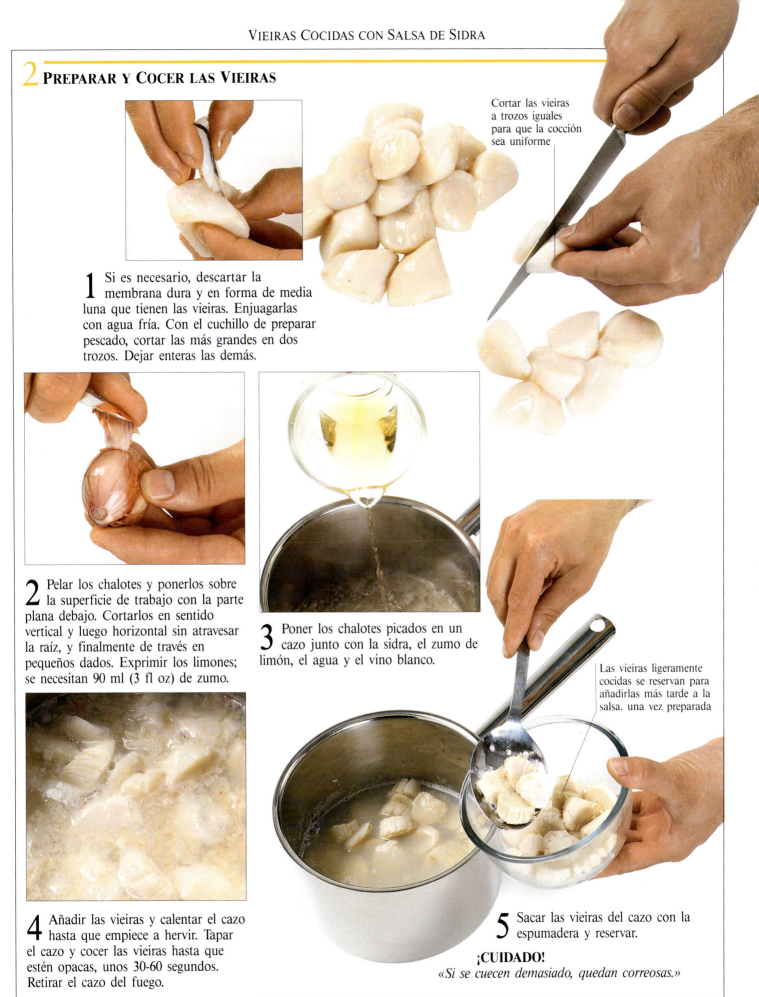

Cortar las vieiras a trozos iguales para que la cocción sea uniforme

1. Si es necesario, descartar la membrana dura y en forma de media luna que tienen las vieiras. Enjuagarlas con agua fría. Con el cuchillo de preparar pescado, cortar las más grandes en dos trozos. Dejar enteras las demás.

2. Pelar los chalotes y ponerlos sobre la superficie de trabajo con la parte plana debajo. Cortarlos en sentido vertical y luego horizontal sin atravesar la raíz, y finalmente de través en pequeños dados. Exprimir los limones; se necesitan 90 ml (3 fl oz) de zumo.

3. Poner los chalotes picados en un cazo junto con la sidra, el zumo de limón, el agua y el vino blanco.

Las vieiras ligeramente cocidas se reservan para añadirlas más tarde a la salsa, una vez preparada

4. Añadir las vieiras y calentar el cazo hasta que empiece a hervir. Tapar el cazo y cocer las vieiras hasta que estén opacas, unos 30-60 segundos. Retirar el cazo del fuego.

5. Sacar las vieiras del cazo con la espumadera y reservar.

¡CUIDADO!
«Si se cuecen demasiado, quedan correosas.»

VIEIRAS COCIDAS CON SALSA DE SIDRA

3 HACER LA SALSA DE SIDRA

Batir todo el rato para que la harina y la mantequilla no se chamusquen

Cuando se forme espuma, retirar el cazo del fuego y seguir batiendo

1 Poner de nuevo en el fuego el cazo con el líquido de cocción de las vieiras, y llevar a ebullición. Cocer a fuego lento hasta reducir el caldo a 250 ml (8 fl oz). Retirar del fuego.

2 Desleír la mantequilla en otro cazo. Incorporar la mantequilla y, sin dejar de batir, cocer hasta que se forme espuma, unos 30-60 segundos.

3 Retirar el cazo del fuego y dejar enfriar ligeramente. Pasar por el colador el caldo de cocción reducido y mezclar con el batidor.

4 Poner de nuevo el cazo en el fuego y cocer, sin dejar de remover, hasta que la salsa hierva y se vuelva espesa, 1 minuto más. Retirar el cazo del fuego.

La salsa caliente se enriquece con nata y yema de huevo

5 En otro cazo pequeño, mezclar la nata con las yemas de huevo. Añadir unas cucharadas de salsa caliente y remover. Incorporar esta mezcla al cazo de la salsa.

6 Poner el cazo de nuevo en el fuego y cocer a fuego suave hasta que la salsa esté algo espesa, 1-2 min.

¡CUIDADO!
Si la salsa hierve, se puede cortar.

Vieiras Cocidas con Salsa de Sidra

4 TERMINAR EL PLATO

1 Calentar el grill del horno. Añadir las vieiras reservadas con el líquido que contengan al cazo con la salsa. Probar y corregir de sal si es necesario.

Las propias conchas de las vieiras son los recipientes más adecuados

Rellenar las conchas en la propia fuente del grill para mayor facilidad

2 Rellenar las conchas con la mezcla de salsa y vieiras dentro del reborde de puré de patatas. Colocar la fuente a 7,5-10 cm. (3-4 pulgadas) del grill hasta que el puré y las vieiras estén calientes y dorados, 2-3 minutos.

🍴 PRESENTACIÓN
Trasladar las conchas a una fuente de servir o a platos individuales, y servir inmediatamente.

*Las **rosetas de patata** forman un reborde alrededor de las conchas*

VARIANTE
VIEIRAS CON PURÉ Y HIERBAS

1 Preparar el puré de patatas, omitiendo el ajo y las yemas de huevo, y mezclando la corteza rallada de un limón con la mantequilla y las hierbas. Cubrir las patatas con 75 ml (2 ½ fl oz) de leche y mantener al calor en un baño de agua caliente.

2 Calentar ligeramente el horno para mantener las vieiras al calor. Lavar las vieiras del modo indicado, pero sin cocerlas. Omitir la salsa de sidra. Poner 30 g (1 oz) de harina sobre una hoja de papel antigrasa; salpimentarla. Pasar las vieiras por la harina y golpearlas para que no se peguen grumos.

3 Calentar 30 g (1 oz) de mantequilla y 2 cucharadas de aceite en una sartén. Saltear las vieiras, dándoles la vuelta una vez, hasta que estén crujientes y doradas, 2-3 minutos. Mantener al calor en una fuente refractaria dentro del horno.

4 Chafar las patatas con la leche; si el puré es muy espeso, añadir 2 o 3 cucharaditas más de leche.

5 Con ayuda de dos cucharas dar al puré de patatas forma de «quenelles».

6 Colocar tres de estas «quenelles» en cada uno de los platos, dejando libre el centro para una vieira.

7 Repartir las vieiras y servir con unos gajos de limón.

GANANDO TIEMPO
Las patatas, las vieiras y la salsa pueden prepararse y ponerse en las conchas con 8 horas de antelación; taparlas y guardarlas en la nevera. Pasarlas por el grill justo antes de servir.

Croquetas de Salmón con Maíz a las Finas Hierbas

🍽 Para 8 personas   ⏲ Preparación: 35-40 minutos *   🍲 Cocción: 15-20 minutos

Equipo

- fuente de horno
- robot de cocina *
- exprimidor
- fuente refractaria
- pelapatatas
- cuchillo de cocina
- sartenes
- cuchillo pequeño
- cepillo pastelero
- cuencos
- espátula
- papel absorbente
- batidor
- papel aluminio
- cuchara de madera
- cuchara de metal grande
- tajadera

* o picadora

La delicada y sabrosa carne del salmón se desmigaja fácilmente y se convierte en croquetas que se sirven con una guarnición de maíz y verduras. Esta receta es una excelente forma de aprovechar restos de salmón de otras recetas.

* más 2-4 horas de reposo

métrico	La Lista de la Compra	imperial
	mantequilla para la fuente y el papel de aluminio	
2	limones	2
1 kg	filetes de salmón fresco	2 lb
175 ml	caldo de pescado o agua	6 fl oz
4	rebanadas de pan de molde	4
1	manojo de perejil	1
1	manojo de eneldo	1
60 ml	mayonesa	4 tbsp
2	huevos	2
60 ml	aceite vegetal	4 tbsp
	Para la guarnición de maíz y verduras	
1	cebolla mediana	1
1	tronco de apio	1
1	pimiento verde	1
500 g	granos de maíz	1 lb
125 ml	aceite de oliva	4 fl oz
15 ml	azúcar granulado	1 tbsp
5 ml	mostaza en polvo	1 tsp
	sal y pimienta	
75 ml	vinagre de vino tinto	2 ½ fl oz

Ingredientes

- filetes de salmón *
- maíz
- caldo de pescado
- eneldo
- apio
- aceite vegetal
- perejil
- aceite de oliva
- huevos
- pan de molde
- limones
- vinagre de vino tinto
- mostaza en polvo
- mantequilla
- azúcar granulado
- mayonesa
- pimiento verde
- cebolla

* o 4 latas de salmón de unos 220 g cada una

Orden de Trabajo

1 Preparar la Guarnición

2 Preparar la Masa de las Croquetas

3 Dar Forma a las Croquetas y Freírlas

74

1 PREPARAR LA GUARNICIÓN

1 Pelar la cebolla, dejando sin cortar parte de la raíz. Partirla por la mitad en sentido longitudinal. Poner cada mitad sobre la parte plana y cortarla, primero horizontalmente y luego verticalmente hasta la raíz. Finalmente, cortarla de través en forma de pequeños dados.

2 Pasar el pelapatatas por el tronco de apio descartando las partes más duras del mismo. Cortarlo a rodajas finas.

3 Cortar el pimiento a dados (ver recuadro de la derecha). Poner el maíz, la cebolla y el apio en una ensaladera. Añadir el pimiento. Mezclar bien estos ingredientes con una cuchara de metal grande.

Apoyar el borde de la tajadera sobre la ensaladera y empujar la verdura picada con el dorso del cuchillo

Las verduras de la guarnición han de cortarse en forma de dados de parecido tamaño

CÓMO MONDAR UN PIMIENTO, DESPEPITARLO Y CORTARLO A TIRAS O EN JULIANA

El corazón y las pepitas de los pimientos deben descartarse.

1 Hacer un corte en el corazón del pimiento y extraerlo. Cortar el pimiento por la mitad longitudinalmente y extraer las semillas. Descartar las protuberancias blancas del interior.

2 Poner cada mitad de pimiento sobre la parte cortada y presionarlo con la palma de la mano para aplanarlo.

3 Con el cuchillo de cocina, cortar el pimiento a tiras en sentido longitudinal. Juntarlas en un montón y cortarlas de través en forma de pequeños dados.

Croquetas de Salmón con Maíz a las Finas Hierbas

4 Poner el aceite, el azúcar y la mostaza en polvo en un bol mediano con un poco de sal y pimienta. Verter el vinagre por encima.

El vinagre de vino tinto da más fuerza a la salsa de la guarnición

La vinagreta da más sabor a los ingredientes de la guarnición

5 Mezclar los ingredientes de la vinagreta con el batidor y verterla sobre las verduras de la guarnición.

6 Remover las verduras de la guarnición para que se empapen bien de la vinagreta. Sazonar al gusto. Tapar la ensaladera y dejar en reposo a temperatura ambiente, 2-4 horas.

2 Preparar la Masa de las Croquetas de Salmón

Secar los filetes de salmón con un poco de papel absorbente

1 Calentar el horno a 180 °C (350 °F, Gas 4). Untar de mantequilla la fuente de horno. Exprimir el zumo de un limón.

2 Retirar la piel de los filetes de salmón, enjuagarlos con agua fría y secarlos.

76

La superficie del salmón queda blanca al rociarla con el zumo de limón

3 Disponer los filetes de salmón en la fuente en una sola capa. Bañarlos con el zumo de limón y salpimentarlos. Cubrirlos hasta la mitad con caldo de pescado o agua.

4 Untar de mantequilla un trozo de papel de aluminio y cubrir con el mismo los filetes de salmón. Poner la fuente con el salmón en el horno y cocer durante 15-20 minutos.

5 Mientras, descartar las cortezas de las rebanadas de pan de molde y desmigajarlas con el robot de cocina.

Las hierbas intensifican el sabor de las croquetas de salmón

6 Arrancar las hojas de perejil o eneldo de sus tallos y apilarlas en la tajadera. Picarlas finamente con el cuchillo de cocina.

7 Comprobar si el salmón está listo: debe desmigajarse con facilidad al pincharlo con un tenedor. Retirar el salmón del horno y reducir la temperatura de éste al mínimo.

8 Escurrir el salmón y dejarlo enfriar ligeramente. Desmenuzarlo con dos tenedores y cogerlo con las yemas de los dedos para comprobar que no hay espinas. Poner las migas de salmón en una ensaladera.

Croquetas de Salmón con Maíz a las Finas Hierbas

9 Añadir la mayonesa, las hierbas y las migas de pan al salmón. Salpimentar.

Remover con la cuchara de madera las migas de salmón

10 Remover con cuidado pero a fondo la mezcla del salmón con la cuchara de madera para combinar bien los ingredientes.

11 Batir los huevos. Incorporarlos a la masa de la croqueta de salmón y remover.

12 Para comprobar la sazón de la mezcla, calentar 1 cucharada de aceite en la sartén y freír un poco de masa hasta que esté dorada por ambos lados. Probarla y corregir de sal el resto de la masa si es preciso.

3 Dar Forma a las Croquetas y Freírlas

1 Dividir la mezcla del salmón en 16 porciones. Formar una bola con cada una de ellas, con las manos ligeramente húmedas para que no se pegue. Aplanar cada bola en forma de croqueta de 1,25 cm. (½ pulgada) de espesor.

Humedecer las manos para trabajar la masa si está pegajosa

¡CUIDADO!
Tener cuidado al dar forma a la croqueta para que no resulte demasiado amazacotada.

CROQUETAS DE SALMÓN CON MAÍZ A LAS FINAS HIERBAS

2 Calentar en la sartén el resto del aceite. Echar en ella unas cuantas croquetas de salmón sin apelotonarlas. Freírlas a fuego moderado hasta que estén doradas, 3-4 minutos. Darles la vuelta con cuidado con la espátula de metal y dorarlas por el otro lado.

3 Forrar la fuente refractaria con papel absorbente y poner las croquetas de salmón ya fritas en la misma para que se escurran. Mantenerlas al calor del horno mientras se fríen las demás. Cortar a gajos el limón para decorar.

El papel absorbente retiene el exceso de aceite que sueltan las croquetas

Las croquetas de salmón se sirven crujientes por fuera y blanditas por dentro

🍽 PRESENTACIÓN
Dividir la guarnición de maíz y verduras entre 8 platos y poner 2 croquetas de salmón en cada uno, con un gajo de limón y unas hojas de apio para decorar.

Las croquetas se sirven sobre un lecho de maíz y verduras

VARIANTE
CROQUETAS DE CANGREJO AL ESTILO DE MARYLAND

Cuando vivía en Maryland, preparaba estas croquetas con cangrejos frescos. Aunque el cangrejo enlatado también sirve.

1 Preparar la guarnición de maíz y verduras del modo indicado, sustituyendo el pimiento verde por un pimiento rojo.
2 Omitir los filetes de salmón. Desmenuzar con los dedos 1 kg (2 lb) de carne de cangrejo, descartando las partes cartilaginosas. Preparar la mezcla de cangrejo igual que la de las croquetas de salmón y dividirla en 16 porciones.
3 Formar unas croquetas de 1,25 cm (½ pulgada) de espesor. Freírlas del modo indicado.
4 Servir 2 croquetas por persona con la guarnición de maíz. Decorar con unas ramitas de eneldo.

GANANDO TIEMPO
La guarnición puede prepararse con 4 días de antelación y guardarse, bien tapada, en la nevera. Las croquetas de salmón pueden hacerse cuatro horas antes y guardarse también en la nevera, pero conviene freírlas justo antes de servir.

Mejillones al Vapor con Salsa de Nata y Azafrán

PARA 4-6 PERSONAS · **PREPARACIÓN: 25-30 MINUTOS** · **COCCIÓN: 10-12 MINUTOS**

EQUIPO

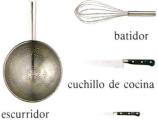

cazuela grande con tapa

batidor

cuchillo de cocina

escurridor

cuchillo pequeño

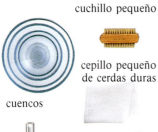

cepillo pequeño de cerdas duras

cuencos

muselina

cuchara de madera

cazo mediano

espumadera

colador grande

tajadera

papel de aluminio

INGREDIENTES

mejillones

chalotes

manojo de hierbas

azafrán

vino blanco

perejil

nata

Estos mejillones, que evocan el paisaje de las costas bretonas, han sido cocidos con vino blanco, chalotes, hierbas y azafrán, lo justo para que las conchas se abran. Los zumos naturales de los mejillones dan sabor al caldo de cocción que se espesa con nata para formar una suntuosa salsa.

GANANDO TIEMPO

Los mejillones pueden prepararse 30 minutos antes de servir y guardarse envueltos en papel de aluminio. Calentarlos, justo antes de servir, en el horno a 180 °C (350 °F, Gas 4), 2-3 minutos. Llevar la salsa de nuevo a ebullición, napar con ella los mejillones y servir.

EL CONSEJO DE ANNE
«*Para ahorrar tiempo, se pueden dejar los mejillones con ambas conchas*».

ORDEN DE TRABAJO

1 PREPARAR LOS MEJILLONES

2 COCER LOS MEJILLONES

3 PREPARAR LA SALSA Y TERMINAR EL PLATO

LA LISTA DE LA COMPRA

métrico		imperial
3 kg	mejillones	6 lb
3	chalotes	3
250 ml	vino blanco seco	8 fl oz
1	manojo de hierbas, hecho con 5-6 tallos de perejil, 2-3 ramitos de tomillo y 1 hoja de laurel	1
1	pizca grande de azafrán	1
	sal y pimienta	
5-7	ramitos de perejil	5-7
125 ml	nata	4 fl oz

Mejillones al Vapor con Salsa de Nata y Azafrán

1 Preparar los Mejillones

1 Lavar los mejillones: frotarlos enérgicamente con el cepillo de cerdas duras bajo un chorro de agua fría y rascarlos con un cuchillo para eliminar cualquier adherencia.

Descartar los mejillones en mal estado

2 Descartar los mejillones que tengan la concha rota o en mal estado y los que no se cierren al darles un golpecito.

3 Arrancar las «barbas» de los mejillones.

2 Cocer los Mejillones

1 Pelar los chalotes. Ponerlos por la parte plana sobre la tajadera. Cortarlos a rodajas primero horizontalmente y luego verticalmente avanzando hacia la raíz pero sin atravesarla. Cortarlos a dados y picarlos finamente.

2 Poner el vino, los chalotes, el manojo de hierbas, el azafrán y pimienta abundante en la cazuela. Llevar a ebullición y dejar cocer a fuego lento 2 minutos.

Atar el manojo de hierbas al asa de la cazuela

Los mejillones se cuecen con muy poco líquido

3 Echar los mejillones en la cazuela, taparla y cocer a fuego fuerte, removiendo de vez en cuando, hasta que se abran los mejillones, 5-7 minutos.

¡CUIDADO!
Descartar los mejillones que no se abran al cocerlos.

Mejillones al Vapor con Salsa de Nata y Azafrán

Las valvas vacías de los mejillones se descartan

4 Con la espumadera, trasladar los mejillones desde la cazuela a una ensaladera.

5 Descartar la valva vacía de cada mejillón y poner las demás bien ordenadas en una fuente de servir. Envolver la fuente con papel de aluminio y mantener al calor mientras se prepara la salsa de nata y azafrán.

Los mejillones se ordenan en círculos en una fuente de servir

3 Preparar la Salsa y Terminar el Plato

Filtrar el caldo de cocción con la muselina

1 Separar las hojas de perejil de los tallos y apilarlas en la tajadera. Picarlas finamente con el cuchillo de cocina.

2 Poner el colador sobre un cazo y forrarlo con la muselina. Verter en el mismo el caldo de cocción de la cazuela. Descartar el manojo de hierbas.

3 Llevar el caldo a ebullición y cocer a fuego lento hasta reducirlo a unos 125 ml (4 fl oz). Verter la nata sobre el cado así reducido.

Mejillones al Vapor con Salsa de Nata y Azafrán

4 Batir la nata con el líquido y llevar de nuevo a ebullición. Dejar cocer a fuego lento, removiendo, hasta que la salsa espese ligeramente, 2-3 minutos. Dejar enfriar 1-2 segundos y luego sacar la cuchara y pasar el dedo por el dorso de la misma: tiene que dejar una estela clara. Incorporar el perejil. Sazonar.

🍽 PRESENTACIÓN
Retirar el papel de aluminio y napar los mejillones con la salsa.

VARIANTE
Mejillones a la Marinera

1 Preparar y cocer los mejillones con el vino y las hierbas.
2 Trasladar los mejillones con la espumadera a unas cazuelitas individuales. Espolvorear con el perejil picado.
3 Corregir de sal el caldo de cocción. Filtrarlo del modo indicado y echarlo sobre los mejillones. Servir enseguida.

VARIANTE
Almejas al Vapor con Vino Blanco

Sustituyendo a los mejillones, las almejas cocidas con vino blanco son igualmente deliciosas.

1 Lavar 3,5 kg (8 lb) de almejas en lugar de los mejillones; a diferencia de éstos, las almejas no tienen barbas y adherencias. Cocerlas del modo indicado, con los chalotes, el vino blanco y la pimienta, pero omitiendo el manojo de hierbas y el azafrán. Se requiere unos 7-10 minutos (más, si las valvas son muy gruesas) para que se abran las almejas.
2 Servir las almejas en su caldo de cocción, dejando que cada comensal elimine las membranas. Se pueden servir con una salsera llena de mantequilla fundida para untar en ella las almejas.

El azafrán intensifica el color de los mejillones

El perejil picado da textura y un toque de fresco verdor a los apetitosos mejillones

QUICHE DE QUESO ROQUEFORT Y CEBOLLA FRITA

🍽 PARA 6-8 PERSONAS 🥣 PREPARACIÓN: 40-50 MINUTOS * ♨ COCCIÓN: 30-35 MINUTOS

EQUIPO

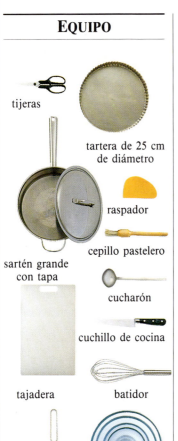

- tijeras
- tartera de 25 cm de diámetro
- raspador
- cepillo pastelero
- sartén grande con tapa
- cucharón
- cuchillo de cocina
- tajadera
- batidor
- colador
- cuencos
- fuente de horno
- papel de aluminio
- rodillo
- cuchara de madera
- pincho de metal

Esta es mi versión personal de la clásica quiche alsaciana. El suave relleno de cebolla frita se cuece al horno con una capa de pasta enriquecida con unas natillas y aromatizada con un poco de queso Roquefort.

GANANDO TIEMPO

La quiche está más buena recién salida del horno, pero se puede preparar con un día de antelación y guardarla, tapada, en la nevera. Calentarla en el horno a 180 °C (350 °F, Gas 4) 10-15 minutos antes de servir.

* más 45 minutos de refrigeración

métrico	LA LISTA DE LA COMPRA	imperial
2-3	ramitos de tomillo fresco	2-3
500 g	cebollas	1 lb
30 g	mantequilla sin sal (más la del aluminio)	1 oz
	sal y pimienta	
175 g	queso Roquefort	6 oz
	Para la masa de la pasta	
200 g	harina, más la de la superficie de trabajo	6½ oz
1	yema de huevo	1
2,5 ml	sal	½ tsp
45 ml	agua, o más si es preciso	3 tbsp
100 g	mantequilla sin sal, más la de la tartera	3½ oz
	Para las natillas	
1	huevo	1
125 ml	leche	4 fl oz
1	pizca de nuez moscada	1
60 ml	nata	4 tbsp

INGREDIENTES

queso Roquefort *   cebollas

crema de leche   tomillo fresco

huevo   yemas de huevo

mantequilla   nuez moscada

harina   leche

* u otro queso del mismo tipo

ORDEN DE TRABAJO

1. **PREPARAR LA MASA DE LA TARTA**

2. **FORRAR LA TARTERA**

3. **HORNEAR LA BASE DE PASTA**

4. **PREPARAR EL RELLENO DE CEBOLLA Y HORNEAR LA QUICHE**

QUICHE DE QUESO ROQUEFORT Y CEBOLLA FRITA

1 PREPARAR LA MASA DE LA TARTA

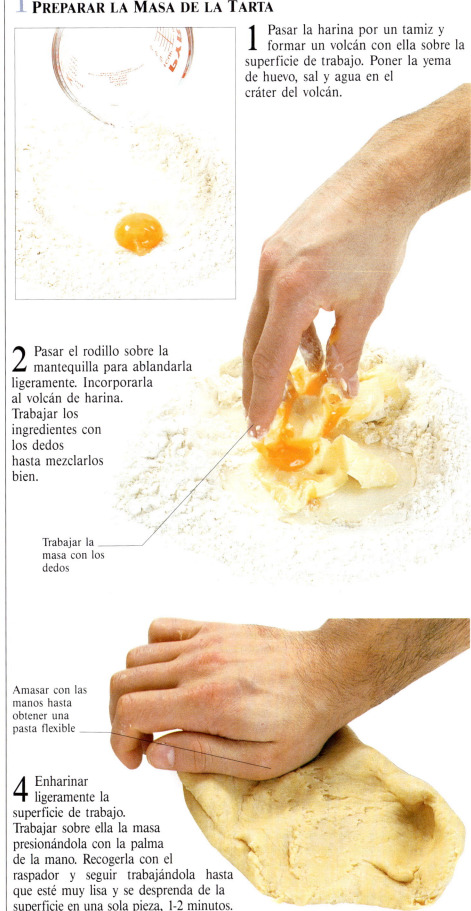

1 Pasar la harina por un tamiz y formar un volcán con ella sobre la superficie de trabajo. Poner la yema de huevo, sal y agua en el cráter del volcán.

2 Pasar el rodillo sobre la mantequilla para ablandarla ligeramente. Incorporarla al volcán de harina. Trabajar los ingredientes con los dedos hasta mezclarlos bien.

Trabajar la masa con los dedos

3 Reunir la harina dispersa con el raspador. Usando los dedos, mezclar la harina con los demás ingredientes hasta formar grumos. Dar forma de bola a la masa.

EL CONSEJO DE ANNE
«Si los grumos son muy secos, rociarlos con un poco de agua antes de amasar».

Amasar con las manos hasta obtener una pasta flexible

4 Enharinar ligeramente la superficie de trabajo. Trabajar sobre ella la masa presionándola con la palma de la mano. Recogerla con el raspador y seguir trabajándola hasta que esté muy lisa y se desprenda de la superficie en una sola pieza, 1-2 minutos.

5 Dar forma de bola a la masa, envolverla bien y guardarla en la nevera hasta que esté firme, unos 30 minutos.

Quiche de Queso Roquefort y Cebolla Frita

2 Forrar la Tartera

La masa se desprende bien una vez enrollada con en rodillo

1 Untar la tartera de mantequilla. Enharinar ligeramente la superficie de trabajo. Extender la masa fría en un círculo de unos 30 cm de diámetro. Enrollar la masa con el rodillo y desenrollarla sobre la tartera, dejando que cuelgue por los lados de la misma.

¡CUIDADO!
No estirar demasiado la masa para que no se encoja una vez en el horno.

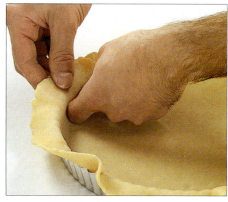

2 Levantar con cuidado el borde de la masa con una mano, y presionarla firmemente con el dedo índice de la otra mano contra el fondo y los bordes de la tartera.

3 Pasar el rodillo sobre los bordes de la tartera para cortar el exceso de pasta.

4 Con el índice y el pulgar presionar la pasta por todo el borde de la tartera, incrementando de este modo la altura del borde de pasta.

5 Pinchar la masa del fondo de la tartera con un tenedor para evitar que se formen burbujas al hornear. Dejar enfriar la pasta hasta unos 15 minutos.

3 Hornear la Base de Pasta

1 Calentar el horno a 220 °C (425 °F, Gas 7). Cubrir el recipiente de pasta con papel de aluminio presionando bien con los dedos. Cortar el aluminio sobrante dejándolo sobresalir unos 4 cm. por el borde de la tartera.

El aluminio ayuda a mantener la forma de la base de pasta durante la cocción

Quiche de Queso Roquefort y Cebolla Frita

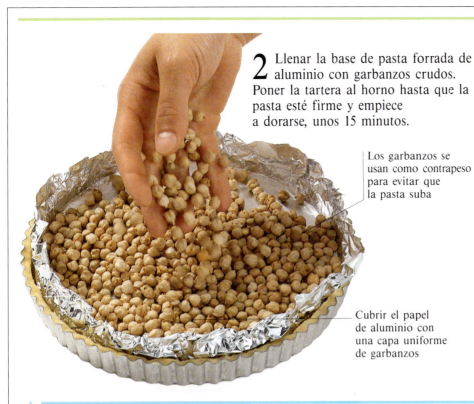

2 Llenar la base de pasta forrada de aluminio con garbanzos crudos. Poner la tartera al horno hasta que la pasta esté firme y empiece a dorarse, unos 15 minutos.

Los garbanzos se usan como contrapeso para evitar que la pasta suba

Cubrir el papel de aluminio con una capa uniforme de garbanzos

3 Retirar el papel de aluminio y los garbanzos y reducir la temperatura del horno a 190 °C (375 °F, Gas 5). Proseguir la cocción hasta que la pasta esté ligeramente dorada, 5-8 minutos más. Retirar la base de pasta del horno sin apagar éste. Mientras, preparar el relleno.

4 Preparar el Relleno de Cebolla y Hornear la Quiche

1 Separar las hojas de tomillo de los tallos y picarlas finamente. Pelar las cebollas, partirlas por la mitad entre la raíz y el tallo y cortarlas a rodajas finas.

Colocar el aluminio y la tapa otra vez después de remover

Las cebollas deben estar lo bastante blandas como para que puedan cortarse con el borde de la cuchara

2 Desleír la mantequilla. Añadir las cebollas, el tomillo y salpimentar. Untar de mantequilla papel de aluminio, ponerlo sobre la masa de cebolla y tapar la sartén.

3 Freír a fuego muy lento, removiendo de vez en cuando, hasta que la cebolla esté blanda pero sin dorarse, 20-30 minutos.

QUICHE DE QUESO ROQUEFORT Y CEBOLLA FRITA

La nuez moscada combina estupendamente con el Roquefort y las cebollas

La crema de leche enriquece las natillas

4 Mientras, preparar las natillas: poner en un bol el huevo, la yema de huevo, la leche, sal, pimienta y una pizca de nuez moscada. Verter la crema de leche por encima.

5 Remover con el batidor hasta mezclar bien los ingredientes.

6 Desmenuzar con los dedos el queso Roquefort.

El calor de las cebollas funde el queso y forma una masa cremosa

7 Poner el queso en la sartén con las cebollas; remover hasta obtener una masa cremosa. Dejar enfriar ligeramente. Esparcir esta mezcla con el dorso de la cuchara de madera por encima de la base de pasta. Poner la tartera en una fuente de horno.

QUICHE DE QUESO ROQUEFORT Y CEBOLLA FRITA

Comprobar la quiche con una broqueta

8 Verter las natillas sobre la mezcla de cebolla y queso cubriendo la base de pasta casi hasta el borde. Remover con un tenedor.

9 Poner la quiche en el horno caliente hasta que esté ligeramente dorada y hasta que al pincharla con una broqueta ésta salga seca, 30-35 minutos. No cocer demasiado o las natillas se cortarán. Dejar enfriar un poco antes de desmoldar.

🍽 PRESENTACIÓN
Retirar la quiche de la tartera. Servirla caliente o a temperatura ambiente y cortada a trozos. Una ensalada de endivias, berros y tomates es el acompañamiento ideal.

La crujiente pasta tiene un cremoso relleno de cebolla y queso Roquefort

VARIANTE
QUICHE DE QUESO DE CABRA CON REPOLLO

Esta versión contemporánea de la quiche de queso Roquefort y cebolla frita se rellena con repollo y queso tierno de cabra. También puede usarse otra clase de queso fresco, tipo feta por ejemplo.

1 Preparar, forrar y hornear la base de pasta del modo indicado. Omitir las cebollas. Mondar medio repollo (peso total, 750 g/1½ lb) descartando las hojas más duras del mismo. Hacer una incisión en torno al corazón y descartarlo también. Poner el medio repollo por la parte plana sobre la superficie de trabajo y cortarlo a trozos pequeños con el cuchillo de cocina. Descartar las nervaduras espesas.
Sofreír el repollo con mantequilla igual que la cebolla, sin dejar que llegue a dorarse.

2 Preparar las natillas del modo indicado. Cortar un trozo de queso de cabra de unos 250 g (8 oz) a rodajas de 1,25 cm (media pulgada) de espesor. Esparcir los trozos de repollo sobre la base de pasta. Cubrirlos con las natillas. Poner los trozos de queso sobre el relleno y hornear la quiche del modo indicado.

EL CONSEJO DE ANNE
«Si el queso no se ha dorado cuando las natillas ya se han asentado, pasar la quiche por el grill protegiendo el borde de la misma con papel de aluminio».

Ostras con Salsa de Champán

 Para 4-6 personas Preparación: 35-40 minutos Cocción: 1-2 minutos

Equipo

cazos

cuencos

espátula de goma

cuchara de metal grande

batidor

cuchillo de cocina

abridor de ostras

cepillo de cerdas rígidas

tajadera

La voluptuosa combinación de las ostras ligeramente asadas a la parrilla con la salsa de champán, constituye un elegante primer plato. Si no dispone de abridor de ostras, pida en la pescadería que se las abran y que le den también el jugo que contienen.

Ganando Tiempo

La salsa puede prepararse 30 minutos antes y guardarse al calor en un bol sumergido en un cazo de agua no muy caliente. Echar la salsa por encima de las ostras y pasar éstas por el grill del horno justo antes de servir.

métrico	La Lista de la Compra	imperial
24	ostras con sus conchas	24
1,15 kg	sal gema	2½ lb
	gajos de limón, ramitos de perejil y tiritas de tomate para decorar (opcional)	
	Para la salsa de champán	
4	chalotes	4
175 g	mantequilla	6 oz
375 ml	champán (una media botella)	12 fl oz
4	yemas de huevo	4
	sal y pimienta	
	zumo de limón	

Ingredientes

ostras   champán

yemas de huevo   zumo de limón

chalotes   mantequilla

sal gema

EL CONSEJO DE ANNE
«Se puede usar cualquier tipo de ostras, aunque las mejores son las más grandes y de concha honda. La sal gema que sirve de base a las ostras puede sustituirse por papel de aluminio arrugado».

Orden de Trabajo

1 Preparar las Ostras

2 Preparar la Salsa de Champán

3 Gratinar las Ostras

Ostras con Salsa de Champán

1 Preparar las Ostras

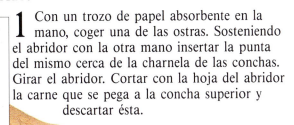

1 Con un trozo de papel absorbente en la mano, coger una de las ostras. Sosteniendo el abridor con la otra mano insertar la punta del mismo cerca de la charnela de las conchas. Girar el abridor. Cortar con la hoja del abridor la carne que se pega a la concha superior y descartar ésta.

El abridor tiene un escudo para proteger los dedos

2 Con la hoja del abridor, separar la carne de la ostra de la concha inferior.

3 Poner la ostra con sus jugos en un cuenco pequeño. Reservar la concha inferior. Repetir esta operación con todas las ostras.

4 Frotar las conchas reservadas con el cepillo bajo un chorro de agua fría.

Las conchas son unos magníficos recipientes para la cocción

Las ostras enteras se depositan de nuevo en la concha

5 Esparcir la sal gema por la fuente del grill del horno. Colocar las conchas sobre la sal y llenarlas con las ostras, reservando el jugo aparte. Guardar la fuente en la nevera hasta gratinar.

La sal impide que las ostras se muevan en la fuente

2 Preparar la Salsa de Champán

1 Pelar los chalotes. Ponerlos por la parte plana sobre la superficie de trabajo y cortarlos, primero horizontalmente y luego verticalmente, sin atravesar la raíz. Picarlos finamente.

2 Desleír la mantequilla en un cazo pequeño. Descartar la espuma que se forma en la superficie. Retirar el cazo del fuego y enfriar.

3 Poner los chalotes en otro cazo con 300 ml (½ pint) de champán. Llevar a ebullición y reducir a 2-3 cucharadas de líquido. Dejar enfriar ligeramente.

4 Mezclar con el batidor las yemas de huevo, el jugo de las ostras y el champán reducido en un recipiente refractario. Poner éste sobre un cazo de agua caliente, sin hervir, y batir hasta que la salsa espese, 5-7 minutos. La salsa debe quedar pegada al batidor al levantar éste.

¡CUIDADO!
La salsa debe espesarse poco a poco. Si se trabaja demasiado puede cortarse.

El recipiente no ha de entrar en contacto con el agua para que la salsa no se corte

Batir enérgicamente para que la mantequilla se emulsione con la masa de la yema

5 Retirar el cazo del fuego e incorporar la mantequilla caliente a la salsa en un chorrito fino y constante. Dejar que las partes sólidas de la leche se depositen en el fondo. Salpimentar. Rociar con zumo de limón. Incorporar con el batidor el resto del champán.

¡CUIDADO!
Si la mantequilla está demasiado caliente o se añade demasiado deprisa, la salsa puede cortarse.

Ostras con Salsa de Champán

3 Gratinar las Ostras

1 Calentar el grill del horno. Echar 1-2 cucharadas de salsa sobre cada ostra. Gratinarlas a unos 10 cm del fuego hasta que estén ligeramente doradas, 1-2 minutos.

Las ostras se cuecen poco a poco debajo de la cremosa salsa de champán

Las ostras deben quedar completamente cubiertas de salsa

🍽 PRESENTACIÓN

Repartir las ostras en platos individuales y decorar éstos con unos gajos de limón, unos ramitos de perejil y unas tiritas de tomate. Servir inmediatamente, con la salsa y las ostras calientes.

EL CONSEJO DE ANNE

«Si no dispone de platos especiales para ostras, apóyelas sobre unas rodajas de pepino cortadas al efecto.»

Las **rodajas de pepino** sirven de «pedestal» a las ostras

La **espumosa salsa de champán** cubre por entero las ostras

VARIANTE

OSTRAS ROCKEFELLER

Esta clásica receta de Nueva Orleans se ganó el nombre cuando alguien dijo que «estaban tan ricas como Rockefeller».

1 Abrir las ostras del modo indicado en la receta principal, descartando el jugo de las mismas. Reservarlas en sus conchas. Omitir la salsa de champán.
2 Eliminar con el pelapatatas las partes duras de 2 troncos de apio y cortarlos en 3-4 trozos. Lavar 125 g (4 oz) de espinacas frescas, eliminando las partes duras de los tallos, o 3 cucharadas de espinacas congeladas. Mondar 3 cebolletas conservando un trozo de la parte verde y cortándolas en 3-4 trozos. Arrancar las hojas de 5-7 ramitos de perejil.
3 Trabajar el apio, las espinacas, las cebolletas y el perejil con el robot de cocina, haciendo una picada fina. Trasladarla a un cuenco.
4 Recortar y descartar la corteza de una rebanada de pan blanco. Desmigajarla con el robot de cocina y mezclarla con las verduras picadas.
5 Añadir 175 g de mantequilla, media cucharadita de salsa Worcester, unas gotas de Tabasco, sal y pimienta, y mezclar bien.
6 Echar una cucharada de esta salsa sobre cada ostra y gratinarlas hasta que la mantequilla se funda y las ostras estén calientes, unos 5 minutos.
7 Repartir las ostras en platos de servir individuales y decorar éstos con unos gajos de limón.

Ensalada de Col Lombarda y Bacon con Queso Roquefort

🍽 Para 6 personas   ⏲ Preparación: 20-25 minutos *

Equipo

- cuencos
- escurridor
- batidor
- cuchillo de cocina
- sartén
- cazos
- cuchara de metal grande
- molinillo de pimienta
- espátula de madera
- tajadera

Ingredientes

- col lombarda
- lonjas de bacon
- lechuga romana
- vinagre de vino tinto
- queso Roquefort
- pimienta en grano
- aceite de oliva
- mostaza de Dijon

El Consejo de Anne

«Si se prefiere, se puede usar mitad de aceite de oliva y mitad de aceite vegetal para hacer la vinagreta.»

La col lombarda con unas lonjas de bacon y un poco de queso Roquefort sobre un lecho de lechuga fresca es un magnífico primer plato de invierno o una sabrosa comida para 4 personas. A mí, personalmente, me encanta el contraste de sabor, textura y color que ofrece la combinación de col, bacon, queso y lechuga.

Ganando Tiempo

La vinagreta puede prepararse hasta con una semana de antelación. La col lombarda puede prepararse y aderezarse con la vinagreta unas 2 horas antes de servir.

* más 1-2 horas para la maceración

métrico	La Lista de la Compra	imperial
½	col lombarda (unos 750 g/1½ lb)	½
60 ml	vinagre de vino tinto	4 tbsp
2 litros	agua hirviendo	3 ¼ lb
1	lechuga romana pequeña	1
90 g	queso Roquefort	3 oz
250 g	lonjas de bacon entreverado	8 oz
	Para la salsa vinagreta	
60 ml	vinagre de vino tinto, o más	4 tbsp
15 ml	mostaza de Dijon	1 tbsp
	sal y pimienta negra recién molida	
175 ml	aceite de oliva	6 fl oz

Orden de Trabajo

1. Preparar la Salsa Vinagreta
2. Preparar la Col
3. Preparar los Demás Ingredientes

ENSALADA DE COL LOMBARDA Y BACON CON QUESO ROQUEFORT

1 PREPARAR LA SALSA VINAGRETA

Echar el aceite en un chorrito muy fino al preparar la vinagreta

1 Para hacer la vinagreta, mezclar el vinagre con la mostaza y una pizca de sal. Moler la pimienta.

2 Mezclar con el batidor hasta que la salsa emulsione y espese. Corregir de sal.

EL CONSEJO DE ANNE
«*A menudo preparo una botella de vinagreta con antelación y la agito bien antes de usarla.*»

2 PREPARAR LA COL

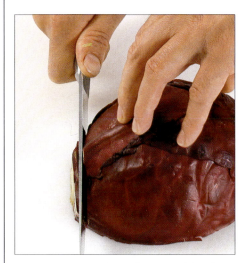

La col mondada se desmenuza fácilmente

Eliminar el corazón de la col

1 Poner la col por la parte blanda sobre la superficie de trabajo. Recortar la punta y descartarla. Eliminar las hojas exteriores en mal estado.

2 Cortar la col por la mitad en sentido longitudinal. Apoyar el extremo de una de las mitades en la tajadera, cortarlo y descartarlo. Repetir esta operación con la otra mitad.

3 Cortar los trozos de col a tiras guiando con los nudillos el cuchillo de cocina. Descartar las partes duras. Poner la col cortada en una ensaladera.

4 Calentar el vinagre hasta el punto de ebullición en el cazo pequeño. Echarlo sobre la col y remover ésta bien para que se empape completamente.

Ensalada de Col Lombarda y Bacon con Queso Roquefort

La col se vuelve de color magenta después de empaparla en vinagre caliente y de sumergirla en agua hirviendo

5 Echar el agua hirviendo sobre la col y dejarla en remojo hasta que se reblandezca un poco, 3-4 minutos. Escurrirla bien y ponerla de nuevo en la ensaladera.

6 Remover la col con la vinagreta suficiente para empaparla bien. Corregir de sal y añadir más vinagre si es preciso. Tapar la ensaladera y dejar la col en maceración con la vinagreta durante 1-2 horas. Mientras, preparar los demás ingredientes.

3 Preparar los Demás Ingredientes

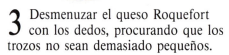

2 Recortar y descartar las partes duras de los tallos de las hojas. Enrollar las hojas formando unos cilindros compactos. Cortar estos cilindros a tiras anchas.

1 Arrancar y descartar la punta de la lechuga. Descartar también las hojas en mal estado. Lavar la lechuga bajo un chorro de agua fría y escurrir bien las hojas.

Las hojas de lechuga se cortan fácilmente una vez enrolladas en forma de cilindro

3 Desmenuzar el queso Roquefort con los dedos, procurando que los trozos no sean demasiado pequeños.

4 Unos 10 minutos antes de servir la ensalada, agrupar las lonjas de bacon y cortarlas a tiras. Freír éstas en la sartén, removiendo de vez en cuando, hasta que estén crujientes y la grasa se haya derretido, 3-5 minutos.

Ensalada de Col Lombarda y Bacon con Queso Roquefort

5 Echar el bacon y la grasa de la sartén sobre la col, reservando unas tiras de bacon para el adorno final. Remover bien.

La col marinada se impregna del sabor del bacon

La grasa de la sartén se mezcla con la col junto con las tiritas de bacon

6 Preparar un lecho de tiras de lechuga sobre cada uno de 6 platos individuales. Verter el resto de la vinagreta sobre la lechuga. Hacer un montón en el centro del plato con la mezcla de col y bacon.

🍽 PRESENTACIÓN
Coronar la ensalada con el queso Roquefort y las tiras de bacon reservadas, y servir enseguida.

VARIANTE
Ensalada de Repollo con Nueces y Bacon

El repollo sustituye a la col lombarda y el sabor y la textura de las nueces le dan un interés suplementario a la ensalada.

1 Preparar la salsa vinagreta sustituyendo el aceite de oliva por un 50% de aceite vegetal y un 50% de aceite de nueces.

2 Omitir el queso Roquefort. Preparar la lechuga romana del modo indicado. Desmenuzar medio repollo del mismo modo que la col lombarda. Omitir el vinagre. Cubrir con agua hirviendo y dejar en remojo para reblandecerlo, 3-4 minutos. Escurrir, enjuagar con agua caliente y escurrir de nuevo bien.

3 Picar 90 g (3 oz) de nueces no muy finamente, reservando unas cuantas para la decoración.

4 Mezclar los trozos de repollo con las nueces y aderezar con la vinagreta. Preparar el bacon del modo indicado y echarlo con su grasa sobre el repollo. Remover enseguida. Decorar con las nueces reservadas y servir sobre un lecho de hojas de lechuga cortadas.

El **brillante color** de la col lombarda contrasta muy bien con el bacon y el queso Roquefort

Chuletas de Cerdo con Salsa Agridulce a la Moda de Sechuán

PARA 6 PERSONAS   **PREPARACIÓN: 15-20 MINUTOS**   **COCCIÓN: 90 MINUTOS**

Equipo

wok

cuencos

pinzas   cuchillo pequeño   cuchillo para deshuesar

batidor

tajadera

Las chuletas de cerdo son un manjar muy apreciado en todo el mundo. En esta receta las hemos dorado con un aceite aromatizado con chile y las hemos dejado cocer a fuego lento cubiertas con una delicada salsa. Para usar estas chuletas como plato principal, acompañarlas con un poco de arroz blanco hervido o frito.

Ganando Tiempo

Las chuletas pueden prepararse con un día de antelación y guardarse, tapadas, en la nevera. Recalentarlas en el horno a 180° C (350° F, Gas 4) durante 10-15 minutos.

Ingredientes

chuletas de cerdo   aceite de sésamo

puré de chile *

aceite vegetal

miel   salsa de soja

cebolletas

jerez seco   vinagre de sidra

chile rojo seco

* se puede usar también chile en polvo

métrico	La Lista de la Compra	imperial
60 ml	salsa de soja	4 tbsp
60 ml	vinagre de sidra	4 tbsp
45 ml	miel	3 tbsp
15 ml	aceite de sésamo	1 tbsp
5 ml	puré de chile	1 tsp
60 ml	jerez seco	4 tbsp
1	manojo de cebolletas	1
1,4 kg	chuletas de cerdo	3 lb
60 ml	aceite vegetal	4 tbsp
1	chile rojo seco	1
1 litro	agua, o más	1 3/4 pints

Orden de Trabajo

1 Preparar la Salsa Agridulce y la Guarnición

2 Cortar y Cocer las Chuletas

Chuletas de Cerdo con Salsa Agridulce a la Moda de Sechuán

1 Preparar la Salsa Agridulce y la Guarnición

1. Mezclar en un cuenco pequeño con el batidor la salsa de soja, el vinagre de sidra, la miel, el aceite de sésamo, el puré de chile y el jerez seco. Preparar los cepillos de cebolleta (ver recuadro a la derecha).

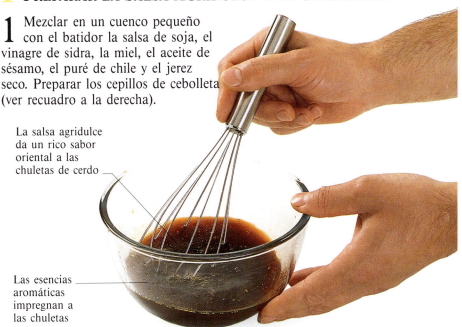

La salsa agridulce da un rico sabor oriental a las chuletas de cerdo

Las esencias aromáticas impregnan a las chuletas

2 Cortar y Cocer las Chuletas

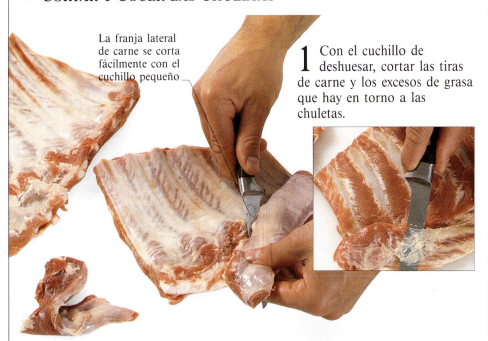

La franja lateral de carne se corta fácilmente con el cuchillo pequeño

1. Con el cuchillo de deshuesar, cortar las tiras de carne y los excesos de grasa que hay en torno a las chuletas.

2. Hacer una incisión en las tiras de carne que mantienen unidas a las chuletas para separarlas.

EL CONSEJO DE ANNE
«Si no tiene tiempo de hacerlo usted, pídale al carnicero que le corte las chuletas.»

Cómo Hacer Cepillos de Cebolleta

Los cepillos de cebolleta son un elemento decorativo muy usado en recetas de carne y ensalada.

1. Cortar la raíz y el 80 % de la parte verde de las cebolletas para formar trozos de unos 6 cm (2 pulgadas y media) de largo.

2. Hacer unos cortes de unos 2 cm de profundidad en cada extremo de la cebolleta. Abrir los extremos con cuidado por estos cortes.

3. Poner las cebolletas así manipuladas en un bol con agua helada y dejarlas en remojo hasta que los extremos cortados se queden curvos, unas 2 horas. Escurrir bien antes de servir.

Chuletas de Cerdo con Salsa Agridulce a la Moda de Sechuán

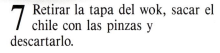

3 Calentar el aceite en el wok. Añadir el chile y freírlo hasta que esté oscuro, 1 minuto más o menos. Añadir 3-4 chuletas y freírlas a fuego vivo, removiendo, hasta dorarlas por ambos lados, 2-3 minutos.

Las chuletas se doran rápidamente en el aceite caliente

4 Trasladar con las pinzas las chuletas así doradas a una fuente. Repetir la operación con las demás chuletas. Descartar el aceite del wok, excepto unas 2 cucharadas.

5 Poner de nuevo todas las chuletas en el wok y cubrirlas completamente de agua. Llevar a ebullición

Echar agua suficiente para cubrir las chuletas

El chile del wok impregna con su sabor a las chuletas

6 Reducir el fuego y tapar el wok. Cocer a fuego lento, removiendo de vez en cuando, durante 1 hora. Las chuletas están listas cuando su carne se encoge ligeramente y está lo suficientemente tierna como para desprenderse al ser pinchada con la punta de un cuchillo.

7 Retirar la tapa del wok, sacar el chile con las pinzas y descartarlo.

8 Verter la salsa agridulce sobre las chuletas cocidas. Remover bien para mezclar la salsa con el líquido de la cocción.

Chuletas de Cerdo con Salsa Agridulce a la Moda de Sechuán

9 Dejar cocer a fuego lento, removiendo de vez en cuando, hasta reducir el líquido a una salsa espesa y hasta que las chuletas estén glaseadas, 25-30 minutos. Si es preciso, retirar las chuletas y aumentar el fuego para reducir la salsa más rápidamente.

Reducir la salsa hasta que esté lo bastante espesa como para glasear las chuletas

Remover las chuletas para evitar que se peguen a la sartén

🍽 PRESENTACIÓN

Poner las chuletas en una fuente de servir caliente. Cubrirlas con la salsa agridulce y decorarlas con los cepillos de cebolleta.

Las chuletas son glaseadas con la deliciosa salsa

Los cepillos de cebolleta dan un toque oriental al plato

VARIANTE
CHULETAS DE CERDO CON ESPECIAS A LA INDONESIA

Aquí, las chuletas son marinadas con especias y cocidas en el propio líquido de maceración, que se reduce formando una espesa salsa.

1 Omitir la salsa agridulce. Preparar las chuletas del modo indicado.
2 Mondar un trozo de raíz de jengibre de unos 2,5 cm. Cortarlo a rodajas. Aplastar cada una de estas rodajas con la hoja plana del cuchillo y picarlas finamente. Pelar y picar finamente 4 diente de ajo.
3 Mezclar con el batidor en un cuenco pequeño el jengibre, el ajo, 90 ml (3 fl oz) de salsa de soja, 3 cucharadas de vinagre de sidra, 2 cucharadas de aceite vegetal, 2 cucharadas de azúcar moreno, 1 cucharadita de nuez moscada en polvo, 1 cucharadita de polvo de especias o de pimienta de Jamaica, media cucharadita de clavos de especia molidos y otra media de canela en polvo.
4 Poner las chuletas en una fuente honda, verter la marinada por encima y removerlas para que se empapen bien. Tapar la fuente y guardarla en la nevera, removiendo su contenido de vez en cuando, durante 2-3 horas.
5 Mondar 2 cebolletas y cortarlas a rodajas diagonales, aprovechando un trozo de la parte verde.
6 Sacar las chuletas de la marinada con la espumadera y secarlas con papel absorbente; reservar la marinada. Dorar las chuletas del modo indicado, omitiendo el chile. Vaciar el aceite del wok, excepto un par de cucharadas, y echar en él la marinada y agua suficiente para cubrir las chuletas. Cocer a fuego lento hasta que estén tiernas.
7 Reducir el líquido de cocción a una salsa espesa.
8 Poner las chuletas en platos de servir calientes y rociarlas con la salsa. Echar por encima las rodajas de cebolleta y servir con un ramito de hierbas frescas como decoración.

EMPANADILLAS DE QUESO Y POLLO A LA MEJICANA

Quesadillas con pollo

🍽 PARA 8 PERSONAS   ⏲ PREPARACIÓN: 35-40 MINUTOS   🍲 COCCIÓN: 3-6 MINUTOS *

EQUIPO

- cuchillo de cocina
- espátula
- cazo
- cuchillo pequeño
- cuchara de madera
- espumadera
- guantes de goma
- sartén
- cuencos
- rallador
- tajadera
- papel protector

EL CONSEJO DE ANNE

«*En vez de la sartén, puede usarse una plancha para freír las quesadillas. Si es lo suficientemente grande, hacer 2 o 3 al mismo tiempo*».

Estas sabrosas empanadillas son una estupenda manera de aprovechar restos de pollo. El queso tipo Cheddar puede sustituir perfectamente al queso de Monterrey.

* el tiempo total de cocción depende del tamaño de la sartén

métrico	LA LISTA DE LA COMPRA	imperial
2	cebollas medianas	2
500 g	tomates	1 lb
	sal y pimienta	
3	pimientos verdes picantes	3
4	dientes de ajo	4
375 g	carne de pollo deshuesada	12 oz
60 ml	aceite vegetal, o más	4 tbsp
125 ml	caldo de pollo o agua	4 fl oz
250 g	queso Cheddar o Monterrey	8 oz
12	tortitas de harina, de unos 15 cm de diámetro	12
	Para el guacamole	
5-7	ramitas de cilantro fresco	5-7
1	tomate pequeño maduro	1
1	cebolla pequeña	1
1	diente de ajo	1
1	aguacate maduro	1
2-3	gotas de salsa Tabasco	2-3
	zumo de media lima	

INGREDIENTES

- pollo asado
- tortitas * de harina
- caldo de pollo
- pimientos verdes
- cebollas
- zumo de lima
- aguacate
- tomates
- aceite vegetal
- queso de Monterrey
- cilantro fresco
- dientes de ajo
- salsa Tabasco

* o tortitas de maíz

ORDEN DE TRABAJO

1 PREPARAR LA GUARNICIÓN Y EL RELLENO DE LA QUESADILLA

2 PREPARAR EL GUACAMOLE

3 FREÍR LAS QUESADILLAS

EMPANADILLAS DE QUESO Y POLLO A LA MEJICANA

1 PREPARAR LA GUARNICIÓN Y EL RELLENO DE LAS QUESADILLAS

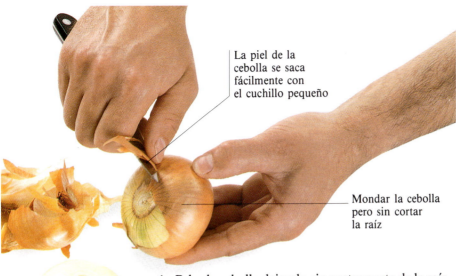

La piel de la cebolla se saca fácilmente con el cuchillo pequeño

Mondar la cebolla pero sin cortar la raíz

1 Pelar la cebolla dejando sin cortar parte de la raíz. Partirla por la mitad en sentido longitudinal. Poner cada mitad sobre la superficie de trabajo y cortarla primero horizontalmente y luego verticalmente sin atravesar la raíz. Finalmente, cortarla de través en forma de pequeños dados.

2 Pelar, despepitar y picar los tomates (ver página 104). Mezclarlos con ¼ parte de la cebolla picada. Salpimentar y reservar.

4 Cortar los pimientos verdes en forma de anillos finos. Mondar, despepitar y picar el tercer pimiento (ver recuadro página 106).

Los guantes de goma evitan que la piel de los pimientos irrite las manos

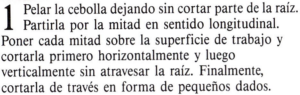

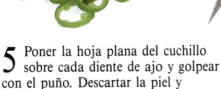

3 Cortar los tallos de 2 de los pimientos. Extraer el corazón y las semillas con una cuchara o golpeándolos contra la superficie de trabajo.

5 Poner la hoja plana del cuchillo sobre cada diente de ajo y golpear con el puño. Descartar la piel y picar finamente cada ajo.

6 Desmenuzar el pollo con los dedos, descartando cualquier resto de piel o tendones.

103

EMPANADILLAS DE QUESO Y POLLO A LA MEJICANA

CÓMO PELAR, DESPEPITAR Y PICAR TOMATES

Los tomates se pelan y se despepitan a menudo antes de picarlos, de forma que puedan convertirse en un puré fino sin necesidad de pasarlos por el colador.

1 Hervir un cazo de agua. Quitar el corazón de los tomates. Hacer una incisión en forma de «x» en cada tomate. Sumergirlos en el agua hirviendo hasta que se cuarteen. Trasladarlos a un cazo con agua fría para interrumpir la cocción.

2 Extraer la piel de los tomates con la ayuda del cuchillo pequeño. Cortarlos por la mitad en sentido transversal y extraer las pepitas.

3 Poner cada mitad sobre su parte plana y cortarla a rodajas. Girarla 45° y cortarla de nuevo. Picar los trozos lo finamente que se quiera.

7 Calentar 3 cucharadas de aceite en la sartén. Añadir el resto de la cebolla picada, el ajo y el pimiento verde picado. Freír hasta que las cebollas estén blandas pero no doradas, 2-3 minutos.

8 Añadir el caldo de pollo y cocer a fuego lento hasta que casi todo el líquido se haya evaporado, 5-7 min. Echar el pollo y cocer 1-2 min. Sazonar. Pasar el contenido de la sartén a una ensaladera y limpiar la sartén. Rallar el queso.

Los trocitos de pollo se impregnan del sabor del caldo

EMPANADILLAS DE QUESO Y POLLO A LA MEJICANA

2 PREPARAR EL GUACAMOLE

1 Separar las hojas de cilantro de los tallos y formar un montón con ellas en la tajadera. Picarlas finamente con el cuchillo de cocina. Pelar, despepitar y picar finamente el tomate (ver recuadro página 104).

2 Pelar y picar la cebolla y el ajo. Mezclar el tomate picado, el cilantro, la cebolla y el ajo en una ensaladera y remover bien.

3 Hacer un corte longitudinal al aguacate rodeando el hueso. Retorcerlo para desprender las dos mitades. Introducir el cuchillo junto al hueso y extraerlo. Coger la pulpa del aguacate y ponerla en un cuenco.

EL CONSEJO DE ANNE
«También se puede extraer el hueso con la cuchara».

Con una cuchara se extrae toda la pulpa del aguacate

La pulpa madura del aguacate se saca fácilmente

4 Mezclar los ingredientes del guacamole con un tenedor, chafando la pulpa del aguacate contra la pared del cuenco. Añadir una pizca de sal y unas gotas de Tabasco.

5 Añadir el zumo de lima y mezclar bien los ingredientes. Corregir de sal. Tapar y guardar en la nevera.

EMPANADILLAS DE QUESO Y POLLO A LA MEJICANA

3 FREÍR LAS QUESADILLAS

1 Calentar el horno un poco para mantener al calor las quesadillas. Calentar el resto del aceite en la sartén y hacer una tortita. Espolvorearla con 2 cucharadas de queso rallado dejando un borde exterior de 1,25 cm (½ pulgada). Poner 2 cucharadas de pollo sobre el queso y freír hasta que éste empiece a fundirse.

Poner el pollo sobre el queso en una capa uniforme respetando el borde

CÓMO MONDAR, DESPEPITAR Y PICAR LOS PIMIENTOS VERDES

Los pimientos verdes picantes deben picarse finamente para que su sabor se reparta bien por el plato. Si le gustan las cosas picantes, puede usar también las pepitas. Los pimientos pueden irritar la piel, así que recomiendo usar guantes de goma y evitar tocarse los ojos.

Cortar las tiras lo más finamente posible

1 Cortar los pimientos por la mitad en sentido longitudinal con el cuchillo pequeño.

2 Cortar el corazón y las protuberancias blancas del pimiento y extraer las pepitas.

3 Poner cada mitad sobre su parte plana y cortarla a tiras longitudinales muy finas.

4 Agrupar las tiras y cortarlas de través a trocitos muy pequeños.

EMPANADILLAS DE QUESO Y POLLO A LA MEJICANA

2 Con ayuda de la espátula, doblar la tortita por la mitad encerrando el relleno. Freírla hasta que esté crujiente y dorada, 1-2 minutos.

3 Dar la vuelta a la tortita y dorarla por el otro lado. Trasladarla a una fuente refractaria y mantenerla al calor del horno mientras se preparan las demás quesadillas, añadiendo aceite si es preciso.

🍽 PRESENTACIÓN

Cortar las quesadillas por la mitad y servir 3 mitades en cada plato junto con el guacamole, la guarnición de tomate y cebolla y los anillos de pimiento verde. Decorar con cilantro.

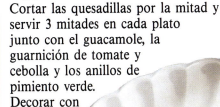

Las crujientes tortitas contienen un delicioso relleno mejicano

Los anillos de pimiento son muy decorativos

VARIANTE
EMPANADILLAS DE CARNE DE CERDO A LA MEJICANA

Unos dados de carne de cerdo dan cuerpo a estas quesadillas

1 Preparar los ingredientes del relleno omitiendo el pollo y sustituyéndolo por 500 g (1 lb) de carne de cerdo asada y cortada a dados de 2,5 cm (1 pulgada) de lado. Usar sólo 2 pimientos verdes: picarlos. Usar 60 g (2 oz) de queso Cheddar. Picar las hojas de 5-7 ramitos de cilantro fresco.
2 Saltear la cebolla picada junto con el ajo y los trocitos de pimiento hasta que estén dorados, 3-5 minutos más. Omitir el caldo de pollo o el agua y añadir los tomates picados. Proseguir la cocción hasta que el relleno esté ligeramente espeso, 5-7 minutos. Corregir de sal; dejar enfriar ligeramente.
3 Omitir el guacamole. Freír las quesadillas del modo indicado, rociando cada una con 1-2 cucharaditas de queso Cheddar rallado y una pizca de cilantro picado antes de poner el relleno y de doblar las tortitas.
4 Cortar las quesadillas por la mitad y servirlas decoradas con anillos de cebolla roja y ramitos de cilantro.

GANANDO TIEMPO

El relleno de pollo puede prepararse con 24 horas de antelación y guardarse, tapado, en la nevera. El guacamole puede prepararse también 24 horas antes y refrigerarse, herméticamente cerrado.

Minipizzas de Jamón de Parma con Mozzarella y Albahaca

Para 8 personas **Preparación: 50-55 minutos*** **Cocción: 10-12 minutos**

Equipo

- cazos
- raspador
- cuencos
- cepillo pastelero
- cuchara de madera
- pala ancha de metal
- cuchillo de cocina
- colador
- cuchillo pequeño
- espumadera
- Papel protector de cocina *
- 2 fuentes de horno **
- tajadera
- rodillo

* o polietileno
** o 1 recipiente para pizzas y una fuente de horno

El Consejo de Anne
«Para trabajar la masa de la pizza, en vez de hacerlo con las manos se puede usar una batidora eléctrica provista del adminículo adecuado».

Las minipizzas son bien recibidas en cualquier comida. El jamón de Parma, la salsa de tomate, la mozzarella y la albahaca fresca son los ingredientes que intervienen en éstas.

Ganando Tiempo
La pasta de la pizza y la salsa de tomate pueden prepararse con 12 horas de antelación y guardarse en la nevera. Preparar las pizzas y hornearlas justo antes de servir.

* más 1 hora para que suba la masa

Ingredientes

- jamón de Parma
- mozzarella
- albahaca fresca
- harina de trigo
- aceite de oliva
- levadura seca
- tomates
- cebolla
- azúcar
- diente de ajo
- puré de tomate

métrico	La Lista de la Compra	imperial
	Para la pasta de la pizza	
7,5 ml	levadura seca, un poco más si es fresca	1½ tsp
250 ml	agua tibia	8 fl oz
375 g	harina de trigo, o más	12 oz
30 ml	aceite de oliva, más el del cuenco	1 tbsp
	sal y pimienta	
	Para el relleno	
625 g	tomates medianos	1¼ lb
1	cebolla pequeña	1
1	diente de ajo	1
15-30 ml	aceite de oliva	1-2 tbsp
22,5 ml	puré de tomate	1½ tbsp
1	pizca de azúcar	1
90 g	de lonjas de jamón de Parma	3 oz
375 g	queso mozzarella	12 oz
1	ramito pequeño de albahaca fresca	1

Orden de Trabajo

1 Amasar la Pasta de la Pizza

2 Preparar el Relleno

3 Terminar y Hornear las Pizzas

108

Minipizzas de Jamón de Parma con Mozzarella y Albahaca

1 Amasar la Pasta de la Pizza

1 Mezclar la levadura con 2 o 3 cucharadas de agua en un cuenco pequeño; dejarla en reposo hasta que se disuelva, unos 5 minutos. Tamizar la harina con una cucharadita de sal y media de pimienta. Hacer un volcán en el centro; añadir la mezcla de la levadura, el resto del agua y aceite. Trabajar estos ingredientes.

2 Recoger la harina con el raspador y trabajarla con los demás ingredientes, amasándola con los dedos hasta obtener una pasta lisa.

3 Reunir la masa en una sola pieza y darle forma de bola. Darle un giro de 90 grados. Seguir trabajando la masa, estirándola y formando de nuevo una bola hasta que sea lisa y muy elástica, unos 5-8 minutos.

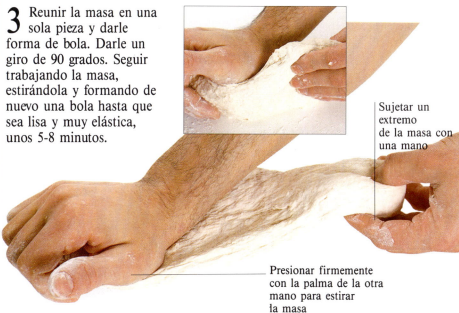

Sujetar un extremo de la masa con una mano

Presionar firmemente con la palma de la otra mano para estirar la masa

4 Untar ligeramente de aceite un cuenco grande. Poner la masa dentro. Tapar con papel transparente y dejar fermentar hasta doblar su tamaño, 1 hora. O bien, dejarla toda la noche en la nevera.

2 Preparar el Relleno

1 Quitar el corazón de los tomates. Sumergirlos en agua hirviendo hasta que se cuarteen. Trasladarlos a un recipiente con agua fría, pelar y cortar por la mitad. Extraer las pepitas y cortarlos a trocitos.

Picar finamente los tomates

2 Pelar la cebolla conservando parte de la raíz, y partirla por la mitad longitudinalmente. Cortar cada mitad primero en horizontal, luego en vertical y finalmente de través en forma de daditos.

Minipizzas de Jamón de Parma con Mozzarella y Albahaca

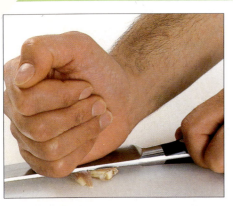

3 Poner la hoja plana del cuchillo sobre el diente de ajo y golpear con el puño. Descartar la piel del ajo y picarlo finamente.

Echar el tomate junto con el ajo y la cebolla

4 Calentar el aceite de oliva en un cazo pequeño y saltear la cebolla y el ajo hasta que estén blandos, pero no dorados, 1-2 minutos. Añadir los tomates, el puré de tomate, sal, pimienta y una pizca de azúcar. Cocer, removiendo de vez en cuando, hasta obtener una salsa espesa, 7-10 minutos.

5 Con el cuchillo de cocina cortar las lonjas de jamón de Parma en forma de tiras muy finas.

El jamón de Parma da sabor al relleno de la pizza

6 Cortar la mozzarella a láminas finas. Separar las hojas de albahaca de los tallos, reservando unos ramitos para decorar.

3 Terminar y Hornear las Pizzas

1 Calentar el horno a 230° C (450°F, Gas 8) y poner una fuente de horno o un recipiente para pizzas en la parte baja del horno. Enharinar abundantemente la otra fuente de horno. Amasar un poco la pasta para eliminar posibles bolsas de aire, y dividirla en 8 trozos iguales. Enharinar la superficie de trabajo. Hacer 4 bolas de pasta.

2 Extender las bolas con el rodillo formando 4 círculos. Ponerlas sobre la fuente de horno enharinada.

MINIPIZZAS DE JAMÓN DE PARMA CON MOZZARELLA Y ALBAHACA

3 Doblar con los dedos el contorno de cada círculo de pasta formando un pequeño reborde no muy alto en cada uno.

Doblando el borde de las pizzas se evita que el relleno caiga en la fuente

4 Verter la mitad de la salsa de tomate sobre las pizzas y poner la mitad del jamón encima de ellas. Poner 2 hojas de albahaca en cada pizza y taparlas con la mitad de las láminas de mozzarella. Dejar en reposo al calor hasta que la pasta se hinche, 10-15 minutos.

🍽 PRESENTACIÓN
Adornar las pizzas con la albahaca reservada y servir enseguida.

Usando una fuente de horno caliente se logra que la pasta quede crujiente

Los **ramitos de albahaca** completan las hojas de hierba cubiertas de queso

5 Usando la pala ancha, trasladar las pizzas con cuidado a la fuente de horno caliente. Si se pegan, ponerlas en el congelador unos 5 minutos. Meterlas en el horno ya caliente hasta que el relleno esté ligeramente dorado y la pasta crujiente, 10-12 minutos. Repetir la misma operación con las 4 minipizzas restantes.

La **salsa de tomate** fresca da color a la crujiente pizza

Kebabs de Langostinos al Estilo Tropical

🍽 Para 8 personas   🥣 Preparación: 20-25 minutos *   🍲 Cocción: 4-6 minutos

Equipo

cazos, uno de ellos con tapa

fuente honda no metálica

colador

cepillo pastelero
cuchillo pequeño
cuenco

cuchillo de cocina

batidor

muselina

cuchara de madera

8 pinchos de bambú *

tajadera

* Los pinchos de bambú tienen que dejarse 30 minutos en remojo en agua antes de usarse. Se puede usar, también, pinchos de metal.

Los langostinos macerados y servidos con una salsa de cacahuete, son un magnífico entrante para una comida veraniega. Pueden asarse en la cocina o en una barbacoa.

* más 1-2 horas de maceración

métrico	La Lista de la Compra	imperial
1,25 cm	pieza de raíz de jengibre fresco	½ inch
2	dientes de ajo grandes	2
1	manojo pequeño de cilantro fresco	1
125 ml	aceite vegetal, más el de la parrilla	4 fl oz
90 ml	zumo de lima (2 limas)	6 tbsp
2,5 ml	azúcar granulado, o más	½ tsp
2,5 ml	chile en polvo	½ tsp
15 ml	salsa de soja	1 tbsp
32	langostinos crudos, peso total 750 g (1½ lb)	32
	sal y pimienta	
	Para la salsa de cacahuete	
100 g	nuez de coco	3½ oz
1	cebolla pequeña	1
2	dientes de ajo grandes	2
60 ml	aceite vegetal	2 fl oz
2,5 ml	chile majado	½ tsp
	zumo de media lima	
10 ml	salsa de soja	2 tsp
75 ml	mantequilla de cacahuete	2 ½ fl oz
5 ml	azúcar moreno	1 tsp

Ingredientes

cilantro fresco   langostinos

raíz de jengibre

dientes de ajo

salsa de soja

aceite vegetal   zumo de lima

mantequilla de cacahuete

azúcar moreno

cebolla

chile en polvo

chile majado

nuez de coco

Orden de Trabajo

1 Macerar los Langostinos

2 Preparar la Salsa de Cacahuete

3 Asar los Langostinos

Kebabs de Langostinos al Estilo Tropical

1 Macerar los Langostinos

Las hierbas picadas sueltan mejor su aroma

1 Pelar y picar el jengibre (ver recuadro página 116). Poner la hoja plana del cuchillo de cocina sobre los dientes de ajo y golpear con el puño. Descartar la piel y picar finamente los dientes de ajo.

2 Separar las hojas de cilantro de sus tallos y apilarlas en la tajadera. Picarlas finamente con el cuchillo de cocina.

3 Mezclar el aceite con el zumo de lima, el jengibre y el ajo. Añadir el azúcar, el polvo de chile, el cilantro picado, la salsa de soja y sal. Remover bien.

Repartir la marinada de un modo uniforme

Cuanto más tiempo se maceran los langostinos, más fuerte será el sabor de los mismos

4 Insertar 4 langostinos en cada pincho y poner los pinchos una vez preparados en la fuente honda.

EL CONSEJO DE ANNE
«Si se usan broquetas de metal, hay que macerar primero los langostinos, y después insertarlos en los pinchos».

5 Echar la salsa de maceración sobre los langostinos. Tapar y dejar en la nevera 1-2 horas, dando la vuelta a los pinchos de vez en cuando. Mientras, preparar la salsa de cacahuete (ver pág. 114).

2 Preparar la Salsa de Cacahuetes

La nuez de coco se debe empapar con agua hirviendo

1 Poner 250 ml (8 fl oz) de agua en un cazo pequeño y llevarla a ebullición. Echar el coco en el agua. Tapar y dejar 30 minutos en reposo. Mientras, picar finamente la cebolla (ver recuadro pág. 115) y el ajo.

2 Calentar el aceite en otro cazo pequeño. Añadir la cebolla y sofreír, removiendo, hasta que esté ligeramente dorada, 2-3 minutos. Añadir el ajo y los chiles majados y proseguir la cocción hasta que la cebolla esté bien dorada.

¡CUIDADO!
No dejar que el ajo se dore demasiado, o se vuelve amargo.

3 Añadir el zumo de lima y la salsa de soja a la mezcla con la cebolla; remover bien. Retirar el cazo del fuego.

4 Incorporar la mantequilla de cacahuete y el azúcar. Dejar enfriar.

Poner un paño de muselina encima del colador

5 Poner un paño de muselina encima del colador y éste encima de un cuenco. Pasar por el colador la nuez de coco con su líquido.

Cómo Picar una Cebolla

El tamaño de los trocitos depende del grosor de las rodajas iniciales. El grosor normal es de unos 5 milímetros (¼ de pulgada), pero los trocitos pueden hacerse todo lo pequeños que se quiera.

1 Pelar la cebolla y mondarla, respetando una parte de la raíz cortada.

2 Partirla por la mitad en sentido longitudinal, de la raíz al tallo. Ponerla por la parte plana sobre la tajadera.

3 Sostener firmemente cada mitad con los dedos de una mano. Hacer una serie de cortes horizontales en dirección a la raíz, pero sin atravesarla.

4 Hacer una serie de cortes verticales, igualmente hacia la raíz y sin atravesarla.

EL CONSEJO DE ANNE
«*Al cortar la cebolla, meter los dedos hacia adentro y usar los nudillos para guiar la hoja del cuchillo*».

5 Cortar de través la cebolla en forma de daditos. Seguir pasando el cuchillo por los daditos hasta obtener los trocitos del tamaño deseado.

 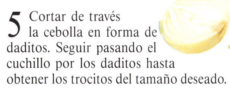 

Guiar la hoja del cuchillo con los nudillos al cortar la cebolla

6 Doblar los extremos del paño y exprimir bien la nuez de coco para extraer el máximo de líquido o «leche» posible. Descartar el coco.

La nuez de coco desprende una leche deliciosamente perfumada al ser empapada con agua hirviendo

7 Verter la leche de coco en el cazo con la salsa de cacahuete y mezclar bien. Salpimentar al gusto y dejar en reposo.

EL CONSEJO DE ANNE
«*La salsa de cacahuete puede cortarse al dejarla en reposo. Si ello sucede, añadir un par de cucharadas de agua caliente y mezclar para reemulsionarla.*»

Kebabs de Langostinos al Estilo Tropical

3 ASAR LOS LANGOSTINOS

Untando los langostinos con la marinada se mantiene su humedad durante la cocción

1 Calentar el grill del horno. Untar la rejilla con un poco de aceite. Trasladar los kebabs a la parrilla, reservando el líquido de maceración para untar.

2 Untar los kebabs con el líquido de maceración. Asarlos a unos 5-7 cm (2-3 pulgadas) del fuego hasta que adquieran un tono rosado, 2-3 minutos. Untarlos con la marinada 2 o 3 veces durante la cocción.

Los kebabs se asan sobre la rejilla para que el líquido de la marinada caiga en la fuente

CÓMO PELAR Y PICAR JENGIBRE FRESCO

Es importante picar la raíz de jengibre muy finamente, para que su aroma se suelte y se esparza de un modo uniforme por el plato.

Agrupar varias tiras de jengibre y sostenerlas con la mano al cortar

1 Cortar la piel del jengibre con un cuchillo pequeño. Con el de cocina, cortarlo a rodajas, en sentido contrario al grano fibroso.

2 Poner la hoja plana del cuchillo sobre las rodajas de jengibre y golpear con el puño.

3 Picar las rodajas de raíz de jengibre hasta obtener trocitos del tamaño deseado.

3 Dar la vuelta a los kebabs y untarlos de nuevo con la marinada. Proseguir la cocción hasta que el otro lado de los langostinos adquiera también un color rosado, 2-3 minutos más.

PRESENTACIÓN
Poner un kebab en cada uno de 8 platos junto con una pequeña salsera llena de salsa de cacahuete, y decorándolo con un poco de escarola, unos gajos de tomate y unos triángulos de limón.

V A R I A N T E
KEBABS DE LANGOSTINOS A LA VIETNAMITA
En esta variante de los kebabs asados, los langostinos han sido convertidos en puré, rebozados con nuez de coco y horneados.

1 Omitir la marinada y preparar la salsa de cacahuete del modo indicado, usando 3 dientes de ajo picados.
2 Pelar los langostinos, reservando 8 de ellos sin pelar.
3 Hacer un corte a lo largo del dorso de cada langostino y extraer el intestino del mismo.
4 Poner los langostinos pelados en el robot de cocina junto con 1 huevo, 1 diente de ajo pelado, 1 cucharada y media de salsa de soja, 1 cucharada y media de salsa de pescado o 1 cucharadita de pasta de anchoa, 2 cucharaditas de aceite vegetal, 1 cucharada de harina, media cucharada de azúcar, sal y pimienta y hacer un puré fino; echarlo en un cuenco y dejarlo en la nevera entre 60 y 90 min.
5 Calentar el horno a 200 °C (400 °F, Gas 6). Mezclar 45 g (1½ oz) de nuez de coco con 2 cucharadas de pan rallado. Hacer bolas de puré de langostino de unos 2,5 cm (1 pulgada) de diámetro. Rebozarlos con la mezcla de coco y pan rallado.
6 Insertar estas croquetas en 8 broquetas de metal untadas de aceite con uno de los langostinos reservados en cada broqueta, y poner en una fuente de horno untada de aceite. Ponerla en el horno caliente, 6-8 min. Servir enseguida con la salsa de cacahuete.
7 Adornar con zanahoria cortada en juliana, trocitos de limón y ramitos de eneldo.

Los langostinos se sirven enteros, dejando que los comensales los pelen en la mesa.

GANANDO TIEMPO
Los langostinos pueden macerarse unas 4 horas antes y guardarse en la nevera. Asarlos justo antes de servir.

Soufflé de Queso de Cheddar con Calabacín

🍽️ Para 6 personas   🥣 Preparación: 30-35 minutos   🍲 Cocción: 25-30 minutos

Equipo

recipiente para soufflé de 2 litros (3¼ pt)

cepillo pastelero

cuchillo de cocina

cuencos

batidor

cuchara de madera

rallador

cazos

colador

sartén

tajadera

recipiente de metal

espátula de goma

El calabacín rallado y el queso de Cheddar dan una agradable apariencia moteada verde-anaranjada a este clásico y sabroso soufflé. Se puede usar queso Cheddar más o menos fuerte, según las preferencias personales. La forma del recipiente es importante para que el soufflé quede como ha de quedar.

Ganando Tiempo

El relleno de calabacín para el soufflé puede prepararse con 3 horas de antelación. Batir las claras y terminar el soufflé justo antes de hornear.

métrico	La Lista de la Compra	imperial
500 g	calabacines	1 lb
2	chalotes	2
30 g	mantequilla sin sal, más la del recipiente	1 oz
	sal y pimienta	
4	huevos	4
90 g	queso Cheddar	3 oz
2	claras de huevo	2
	Para la salsa blanca	
175 ml	leche	6 fl oz
30 g	mantequilla sin sal	1 oz
20 g	harina	1 3/4 oz
125 ml	nata	4 fl oz
1	pizca de nuez moscada en polvo	1

Ingredientes

calabacines

 queso de Cheddar   chalotes

 mantequilla sin sal   huevos

 claras de huevo   nata

 harina   leche

 nuez moscada

Orden de Trabajo

1 Preparar los Calabacines

2 Preparar la Salsa Blanca

3 Preparar la Base del Soufflé

4 Terminar y Hornear el Soufflé

Soufflé de Queso de Cheddar con Calabacín

1 Preparar los Calabacines

1 Mondar los calabacines y rallarlos no muy finamente.

La piel del calabacín da color al soufflé

2 Pelar la membrana exterior de los chalotes y picarlos finamente (ver recuadro de la derecha).

3 Desleír la mantequilla en la sartén. Sofreír en ella los chalotes a fuego moderado hasta que estén blandos, unos 2 minutos. Añadir los calabacines, sal y pimienta, y proseguir la cocción, removiendo, hasta que el calabacín esté tierno, 3-5 minutos.

Si se cuece en exceso, el calabacín pierde su crujiente textura

4 Poner los calabacines en el colador, colocado sobre un cuenco, y dejar que el líquido que contienen se filtre completamente.

Cómo Picar un Chalote

Para hacer una picada normal, cortar el chalote a rodajas de unos 3 mm (1/8 de pulgada) de grosor. Para una picada fina, cortarlo a rodajas lo más delgadas posible.

1 Eliminar la membrana exterior del chalote. Si es preciso, dividir primero el chalote en dos trozos y pelarlos. Poner cada trozo con la parte plana sobre la tajadera, y sosteniéndolo con los dedos, cortarlos a rodajas horizontales, sin atravesar la raíz.

2 Hacer ahora unos cortes verticales, dejando también la raíz sin cortar.

3 Cortar los chalotes de través en forma de daditos. Si es necesario, picar más fino.

Soufflé de Queso de Cheddar con Calabacín

2 Preparar la Salsa Blanca

1 Calentar la leche en un cazo pequeño. Desleír la mantequilla en un cazo mediano. Sin apagar el fuego, echar en el cazo mediano la harina de una sola vez, batiendo enérgicamente hasta que empiece a formarse espuma, unos 30-60 segundos.

Mezclar bien la harina con la mantequilla

No dejar dorar la mantequilla ni la harina

Remover para evitar que se formen grumos al echar la leche

2 Retirar el cazo del fuego y dejar que su contenido se enfríe ligeramente. Verter en él poco a poco la leche, sin dejar de remover, y seguir batiendo hasta obtener una masa homogénea.

3 Poner de nuevo el cazo en el fuego y seguir removiendo con el batidor.

¡CUIDADO!
Si la salsa forma grumos en cualquier momento, retirar el cazo del fuego y batir enérgicamente.

4 Cuando la salsa hierva y se espese, incorporar la nata removiendo bien. Sazonar con sal, pimienta y una pizca de nuez moscada. Proseguir la cocción a fuego lento 2 minutos más. Retirar del fuego y reservar.

SOUFFLÉ DE QUESO DE CHEDDAR CON CALABACÍN

3 PREPARAR LA BASE DEL SOUFFLÉ

1 Separar las claras de las yemas. Rallar el queso Cheddar.

El queso rallado se mezcla con la salsa

2 Si es preciso, llevar de nuevo a ebullición la salsa. Retirar el cazo del fuego e incorporar las yemas de una en una en la salsa, removiendo bien después de cada yema.

3 Poner de nuevo el cazo en el fuego. Hervir una vez más, sin dejar de remover y proseguir la cocción a fuego lento 1 minuto más para que las yemas queden bien cocidas.

El calabacín salteado se mezcla fácilmente con el queso rallado

Incorporar el queso rallado fuera del fuego, para que se funda sin formar tiras

4 Retirar el cazo del fuego e incorporar el queso Cheddar en la mezcla caliente.

5 Echar los calabacines en el cazo con la salsa. Corregir de sal si es necesario: la base del soufflé ha de estar bien sazonada.

Soufflé de Queso de Cheddar con Calabacín

4 Terminar el Soufflé y Hornear

1 Calentar el horno a 190º C (375º F, Gas 5). Desleír un poco de mantequilla y untar con ella el recipiente para soufflé con el cepillo pastelero. Recalentar ligeramente la masa de calabacín.

2 Batir a punto de nieve las 6 claras de huevo con un poco de sal en un recipiente de metal, usando el batidor o la picadora, 3-5 minutos.

¡CUIDADO!
Si se baten demasiado las claras, se vuelven grumosas.

3 Añadir una cuarta parte de la clara batida a la masa de queso y calabacín caliente y trabajar suavemente con la espátula de goma hasta forma una sola masa.

La masa de calabacín se mezcla fácilmente con la clara de huevo

4 Poner la masa de calabacín y clara de huevo en el recipiente con el resto de las claras. Trabajar la masa con la espátula de goma, metiéndola por debajo y pasándola por encima de la masa en un movimiento rotatorio, mientras con la otra mano se va girando el recipiente en sentido contrario a las agujas del reloj. Seguir trabajando hasta que la clara esté totalmente incorporada.

Con un movimiento rotatorio, se combinan las dos masas y se pierde un mínimo de volumen

La clara de huevo y la base del soufflé se mezclan totalmente

SOUFFLÉ DE QUESO DE CHEDDAR CON CALABACÍN

Usar la espátula de goma para sacar la masa del soufflé del recipiente

5 Verter la masa del soufflé en el recipiente preparado al efecto. Poner éste en el horno caliente hasta que se hinche y se dore, 25-30 minutos.

EL CONSEJO DE ANNE
«*No hay que cocer demasiado el soufflé; debe quedar blando por dentro.*»

🍽 PRESENTACIÓN
Servir inmediatamente: introducir dos cucharas de metal en el centro del soufflé y servir una porción a cada comensal. El soufflé pierde volumen al enfriarse en cuestión de minutos.

Los **trocitos de calabacín** destacan claramente entre la dorada masa de Cheddar

El **soufflé** ha de estar crujiente por fuera y blando por dentro

---

V A R I A N T E
SOUFFLÉ DE CEBOLLA Y SALVIA

La clásica combinación de cebolla y salvia es la base de este soufflé.

1 Omitir el calabacín, los chalotes y el queso de Cheddar.
2 Pelar 8 cebollas medianas (peso total 1 kg/2 lb), dejando parte de la raíz sin cortar. Partirlas por la mitad. Poner cada mitad sobre la tajadera por la parte plana y cortarlas a rodajas finas.
3 Desleír 45 g (1½ oz) de mantequilla en un cazo mediano. Añadir las cebollas, sal y pimienta. Cubrirlas con un trozo de papel de aluminio untado de mantequilla y tapar el cazo. Cocer a fuego muy lento, removiendo de vez en cuando, hasta que las cebollas estén muy blandas, pero sin dorarlas, 15-20 minutos. Retirar la tapa y el aluminio y proseguir la cocción, removiendo, hasta que todo el líquido se haya evaporado.
4 Mientras, separar las hojas de los tallos de 5-7 ramitos de salvia fresca, picarlas finamente.
5 Preparar la salsa blanca del modo indicado.
6 Añadir las cebollas y la salvia a la salsa. Terminar el soufflé y hornearlo del modo indicado.

Conocimientos Básicos

El papel de un aperitivo en una comida es despertar a la vez la imaginación y el apetito. Los ingredientes aromáticos ayudan a conseguir este objetivo con unas porciones a veces mínimas. No hay ninguna regla infalible que indique qué ingredientes debe contener el primer plato de una comida. Sin embargo, sí podemos dar una serie de consejos prácticos que le ayudarán a seleccionar el aperitivo más apropiado teniendo en cuenta la ocasión, el tipo de comida que seguirá, la época del año y el número de comensales.

La Elección del Aperitivo

El aperitivo marca la pauta de lo que vendrá a continuación, por lo que es preciso tener en cuenta qué platos le van a seguir. Si el plato principal es sustancioso, lo mejor será optar por un aperitivo ligero como la Ensalada de queso de cabra en escabeche o las Tostadas con aceitunas, tomate y anchoas. Y a la inversa, si el plato principal es ligero, lo aconsejable será un aperitivo más sustancioso, como las Minipizzas de jamón de Parma con mozzarella y albahaca.

Si la comida que viene después del aperitivo es de tres platos o más, tal vez convendrá reducir las cantidades para no acabar con el apetito de los comensales. Se pueden hacer porciones elegantemente diminutas de recetas como las Croquetas de salmón a las finas hierbas o Champiñones rellenos de nueces, y un plato como el Paté de hígado de pollo con manzana puede servirse en pequeñas porciones en recipientes pequeños, como por ejemplo una huevera.

El ambiente también es importante. En una comida con amigos y familiares unas Almejas al vapor con vino blanco resultan deliciosas servidas en una humeante cazuela acompañada de mucho pan tostado para untar. Puede ofrecer unas Chuletas de cerdo con salsa agridulce a la moda de Sechuán en una cena informal en la que los comensales puedan dejar a un lado los cubiertos y comer con los dedos. Si la ocasión es un poco más formal, considere unas Vieiras cocidas con salsa de sidra, unas Ostras con salsa de champán, o una Mousse de trucha ahumada con rábano picante y eneldo.

Los menús pueden tener un hilo conductor desde los entrantes a los postres. Por ejemplo, los Rollos de primavera con lechuga y menta fresca pueden ser el aperitivo de una comida oriental, y los Mejillones al vapor con salsa de nata y azafrán pueden crear un clima de bistro francés. No vacile en saltarse la tradición mezclando recetas y estilos de cocina que son perfectamente compatibles. No olvide nunca, sin embargo, que un aperitivo fuerte o picante debe ser seguido por un plato igualmente fuerte, ya que las especias dejan incapacitado al paladar para apreciar sabores muy delicados.

Los Aperitivos y la Salud

Si le preocupa la cuestión de las calorías y las grasas, ahí van unas cuantas cosas a tener en cuenta al preparar aperitivos. En primer lugar, elija recetas cuyos ingredientes sean poco grasos, como los Tomates rellenos al estilo oriental, o la Verdura a la griega con especias picantes. También puede eliminar ingredientes grasos: por ejemplo, omitir la salsa de cacahuete y sustituirla por una vinagreta, en los Kebabs de langostinos. O sustituir la nata agria que acompaña a los Blinis por una salsa de yogur; o reducir la cantidad de aceite de las Tostadas con aceitunas, tomate y anchoas. Para las recetas de sartén, recuerde que un recipiente antiadherente reduce las grasas de la cocción al mínimo. Sustituya la mantequilla por un aceite poliinsaturado, o por la margarina, aunque el sabor de la receta será algo menos rico, por supuesto.

Aperitivos ya Preparados

A la hora de recibir invitados, es importante saber organizarse y preparar el máximo de cosas con antelación para poder estar más rato con los invitados. Incluso en las comidas familiares preferirá estar con los demás en la mesa que ante los fogones.

Recetas como la Ensalada de ternera cruda con alcaparras o el Paté de hígado de pollo con manzana pueden prepararse y guardarse con varias horas de antelación. Otras recetas, como las Hojas de vid rellenas de arroz, la Verdura a la griega con especias picantes y la Mousse de trucha ahumada con rábano picante y eneldo, pueden terminarse un día antes y guardarse en la nevera, bastando solamente repartirlas o desmoldarlas en una fuente justo antes de servir. Esta clase de aperitivos son tan apropiados para un buffet como para una comida en la mesa.

Otras recetas requieren un rápido recalentado antes de llevarlas a la mesa, pero también pueden prepararse un día antes: la Quiche de queso Roquefort y cebolla frita, las Chuletas de cerdo con salsa agridulce y los Champiñones rellenos de nueces a las finas hierbas son algunas de ellas. Ninguna receta tiene que prepararse totalmente en el último minuto. Así que, antes de decidir qué aperitivo va a preparar, lea la sección «Ganando tiempo» para comprobar que la elección encaja con sus planes.

La Cocina Microondas

Muchas de las recetas de este libro pueden adaptarse al horno microondas, lo que reduce los tiempos empleados. En la receta de las Hojas de vid rellenas, por ejemplo, puede tostar los piñones, preparar el relleno de arroz y cocer las hojas en el microondas. El tiempo de cocción de los Champiñones rellenos también se reduce mucho usando el microondas. La Verdura a la griega con especias picantes y las Almejas al vapor con vino blanco también pueden prepararse con el microondas.

En otras recetas, puede preparar en el microondas parte de los ingredientes. Los filetes de salmón, de las Croquetas de salmón a las finas hierbas, pueden cocerse en el microondas, aunque las propias croquetas es preferible freírlas para que estén más crujientes. También puede pasar por el microondas las cebollas de la quiche de queso Roquefort y cebolla frita, o el repollo de la quiche de queso de cabra con repollo.

No olvide que algunas técnicas básicas son más rápidas en el microondas. Puede pelar cebollas, ajo y tomates calentando los dos primeros o poniendo en el microondas un bol especial para este tipo de horno para hervir tomates hasta que su piel se cuartee. También puede cocer bacon e incluso preparar pasta en el microondas.

Recuadros

Algunas técnicas básicas se repiten en varias recetas. Dichas técnicas se explican de forma más detallada en estos recuadros especiales:

☐ Ajo, cómo pelar y picar 15

☐ Cebolla, cómo picar 115

☐ Cebolleta, cómo hacer cepillos de 99

☐ Chalote, cómo picar 119

☐ Chiles, cómo mondar, despepitar y picar . 106

☐ Hierbas frescas, cómo picar 59

☐ Jengibre fresco, cómo pelar y picar raíz de 116

☐ Manzanas a dados, cómo deshuesar, pelar y cortar 29

☐ Pimiento, cómo mondar, despepitar y cortar a tiras un 75

☐ Tomates, cómo pelar, despepitar y picar . 104

Caldo de Pollo

🍽 Para unos 2 litros (3½ pints)
🥣 Preparación: 15 minutos
🍲 Cocción: más de 3 horas

La Lista de la Compra

1,15 kg	menudillos de pollo	2½ lb
1	cebolla	1
1	zanahoria	1
1	tronco de apio	1
1	manojo de hierbas	1
5	granos de pimienta	5
2 litros	agua, o más	3½ pints

1 Poner los trozos de pollo en un cazo grande con los demás ingredientes y cubrirlos de agua.

2 Llevar a ebullición. Hervir a fuego lento durante 3 horas, espumando de vez en cuando con una cuchara de metal grande.

3 Filtrar el caldo en un cuenco grande. Dejar enfriar, tapar y guardar en la nevera.

Caldo de Pescado

🍽 Para 1 litro (1¾ pints)
🥣 Preparación: 10-15 minutos
🍲 Cocción: 20 minutos

La Lista de la Compra

500 g	cabezas y espinas de pescado, cortadas a trozos de unos 5 cm (2 pulgadas)	1 lb
1	cebolla, a rodajas finas	1
250 ml	vino blanco seco	8 fl oz
1 litro	agua	1 3/4 pints
3-5	ramitos de perejil	3-5
5 ml	pimienta en grano	1 tsp

1 Lavar las cabezas y espinas de pescado; ponerlas en un cazo mediano con el resto de los ingredientes.

2 Llevar a ebullición y dejar hervir a fuego lento 20 minutos, espumando de vez en cuando con una cuchara de metal grande.

3 Filtrar el caldo en un cuenco. Dejar enfriar, tapar y guardar en la nevera.

ÍNDICE

A

Ahumada, mousse de trucha
 con pimiento verde 41
 con rábano picante y eneldo 38
Ahumado, salmón
 con blinis 42
 con bollitos que queso y espinacas 62
Ajo
 cómo pelar y picar 15
Albahaca, ternera cruda con salsa de 13
Almejas al vapor con vino blanco 83
Al vapor con salsa de nata y azafrán, mejillones 80
Arroz, hojas de vid rellenas de cordero y 27
Azafrán, mejillones al vapor con salsa de nata y 80

B

Bacon
 ensalada de col lombarda y, con queso Roquefort 94
 ensalada de repollo con nueces y 97
Blinis
 con caviar rojo y negro 47
 con salmón ahumado 42
Bollitos de queso con espinacas y salmón ahumado 62

C

Calabacín, soufflé de queso de Cheddar con 118
Cangrejo al estilo de Maryland, croquetas de 79
Carpaccio picante (Ensalada de ternera cruda con alcaparras) 10
Caviar rojo y negro, Blinis con 47
Cebolla
 cómo picar
 frita y queso Roquefort 84
 y salvia, soufflé de 123
Cebolleta, cómo hacer cepillos de 99
Cerdo
 chuletas de, a la Indonesia 101
 chuletas de, con salsa agridulce 98
 empanadillas de, a la Mejicana 107
Cocidas con salsa de sidra, vieiras 68
Col lombarda
 ensalada de, y bacon con queso Roquefort 94
Cordero y arroz, hojas de vid rellenas de 27
Croquetas
 de cangrejo al estilo de Maryland 79
 de salmón con maíz a las finas hierbas 74
Crostini a la siciliana (Tostadas con aceitunas, tomate y anchoas) 14
Cruda, ternera
 con alcaparras 10
 con salsa de albahaca 13

CH

Chalote, cómo picar 19
Champán, ostras con salsa de 90
Champiñones
 rellenos de nueces a las finas hierbas 58
 rellenos de queso y tomate 61
 rosquillas de queso rellenas de espinacas y 67
Cheddar con calabacín, soufflé de queso de 118
Chèvre mariné, salade de (ensalada de queso de cabra en escabeche) 48
Chiles, cómo mondar, despepitar y picar 106
Choux, pasta
 bollitos de queso de, con espinacas y salmón ahumado 62
 rosquillas de queso de, rellenas de espinacas 67
Chuletas de cerdo
 con especias a la Indonesia 101
 con salsa agridulce a la moda de Sechuán 98

D

Dolmades (Hojas de vid rellenas de arroz) 22

E

Empanadilla mejicana
 de carne de cerdo 107
 de queso y pollo 102
Ensalada
 de col lombarda y bacon con queso Roquefort 94
 de queso de cabra con pan rallado 51
 de queso de cabra en escabeche 48
 de repollo con nueces y bacon 97
 de ternera cruda con alcaparras 10
Escabeche, queso de cabra en
 con pan rallado 51
 ensalada 48
Especias picantes
 chuletas de cerdo a la Indonesia con 101
 verdura a la griega con 34
Espinacas
 bollitos de queso rellenos de 62
 rosquillas de queso rellenas de 67

F

Finas hierbas, croquetas de salmón con maíz a las 74
Frita, quiche de queso Roquefort y cebolla 84

G

«Golden», verdura a la griega estilo 37
Gougères farcies (bollitos de queso con espinacas y salmón ahumado) 62
Griega con especias picantes, verdura a la 34
Guacamole 105

H

Hierbas
 al limón 73
 cómo picar 59
 con champiñones rellenos 58
 con puré de patatas y ajo 69
Hígado de pollo, paté de
 con manzana 28
 con naranja 33

I

Indonesia, chuletas de cerdo con especias a la 101
Italiana, tostadas a la
 con aceitunas, tomate y anchoas 14
 con jaramago y requesón 17

J

Jaramago y requesón, tostadas a la italiana con 17
Jengibre fresco, cómo pelar y picar raíz de 116

K

Kebabs de langostinos
 al estilo tropical 112
 a la vietnamita 117

L

Langostinos
 kebabs de
  a la vietnamita 117
  al estilo tropical 112
 rollos de primavera rellenos de 57
 tomates rellenos con feta, aceitunas negras y 21
Légumes à la grecque 34
Limón, vieiras salteadas con puré de patatas y hierbas al 73
Lombarda y bacon con queso Roquefort, ensalada de col 94

M

Maíz, guarnición de 75
Manzana (s)
 a dados, cómo deshuesar, pelar y cortar 29
 paté de hígado de pollo con 28
Maryland, croquetas de cangrejo al estilo de 79
Mejicana, empanadillas a la
 de carne de cerdo 107

de queso y pollo 102
Mejillones
  a la marinera 83
  al vapor con salsa de nata y azafrán 80
Minipizzas de jamón de Parma con mozzarella y albahaca 108
Moules marinière 83
Mousse de trucha ahumada
  con pimienta verde 41
  con rábano picante y eneldo 38
Mozzarella y albahaca, minipizzas de jamón de Parma con 108

N

Naranja, paté de hígado de pollo con 33
Nueces y bacon, ensalada de repollo con 97

O

Oriental, tomates rellenos al estilo 18
Ostras
  con salsa de champán 90
  estilo Rockefeller 93

P

Pan rallado, ensalada de queso de cabra con 51
Parma con mozzarella y albahaca, minipizzas de jamón de 108
Pasta
  choux 63
  de pizza 108
Patatas
  con finas hierbas al limón 73
  puré de 69
Paté de hígado de pollo
  con manzana 28
  con naranja 33
Pesto, salsa 13
Pimiento, cómo mondar, despepitar y cortar a tiras un 75
Pizza
  de jamón de Parma con Mozzarella 108
  pasta de 109
Pollo
  paté de hígado de
    con manzana 28
    con naranja 33

Q

Quesadillas con pollo (empanadillas de queso y pollo a la Mejicana) 102
Queso
  bollitos de, con espinacas y salmón ahumado 62
  Cheddar, soufflé de, con calabacín 116
  de cabra
    con pan rallado 51
    con repollo, 89
    en escabeche (salade de chèvre mariné) 48
  mozzarella y albahaca, minipizzas con jamón de Parma 108
  «ricotta», tostadas italianas con
    jaramago y 17
  Roquefort
    ensalada de col lombarda con 94
    quiche de, y cebolla frita 84
    rosquillas de, rellenas de espinacas y champiñones 67
Queso Roquefort, ensalada de col lombarda y bacon con 94
Quiche
  de queso de cabra con repollo 89
  de queso Roquefort y cebolla frita 84

R

Rellenos, champiñones
  a las finas hierbas 58
  de queso y tomate 61
Rellenos, tomates
  al estilo oriental 18
  de langostinos, feta y aceitunas negras 21
Rellenas, hojas de vid
  de arroz (dolmades) 22
  de cordero y arroz 27
Repollo
  ensalada de, con nueces y bacon 97
  quiche de queso de cabra con 89
Rockefeller, ostras estilo 93
Rollos de primavera
  con lechuga y menta fresca 52
  rellenos de langostinos 57
Rosquillas de queso rellenas de espinacas y champiñones 67

S

Salade de chèvre mariné (ensalada de queso de cabra en escabeche) 48
Salmón
  ahumado con blinis 42
  ahumado con bollitos de queso y espinacas 62
  croquetas de 74
Salsa
  agridulce 98
  de albahaca 13
  de cacahuete 114
  de champán 92
  de nata y azafrán 82
  de sidra 72
  pesto 113
Salteadas con puré de patatas y hierbas al limón, vieiras 73
Salvia, soufflé de cebolla y 123
Sechuán, chuletas de cerdo a la moda de 98
Sidra, vieiras cocidas con salsa de 68
Soufflé
  de cebolla y salvia 123
  de queso de Cheddar con calabacín 118

T

Ternera
  cruda con alcaparras (carpaccio piccante) 10
  cruda con salsa de albahaca 13

Tomates
  cómo pelar, despepitar y picar 104
  rellenos al estilo oriental 18
  rellenos con langostinos, feta y aceitunas negras 21
Tostadas italianas
  con aceitunas, tomate y anchoas 14
  con jaramago y requesón 17
Tropical, kebabs de langostinos al estilo 112
Trucha ahumada, mousse de
  con pimiento verde 41
  con rábano picante y eneldo 38

V

Verdura a la griega
  con especias picantes 34
  estilo «golden» 37
Vid, hojas de
  rellenas de arroz 22
  rellenas de cordero y arroz 27
Vieiras
  cocidas con salsa de sidra 68
  salteadas con puré de patatas y hierbas al limón 73
Vietnamita, kebabs de langostinos a la 117
Vino blanco
  almejas al vapor con 83

AGRADECIMIENTOS

Fotógrafos: David Murray
y Jules Selmes
Asistente fotográfico: Ian Boddy

Chef: Eric Treuille
Consultor gastronómico: Annie
Nichols
Asistente: Jane Stevenson

Fotomecánica: Linda Parker
Técnico de producción:
Lorraine Baird
Fotocomposición: Sociedad General
de Publicaciones,
Montcada i Reixac (Barcelona).

*Los editores quieren agradecer la
desinteresada colaboración de
la empresa ICTC, que cedió
gratuitamente los utensilios Cuisinox
Alysee, y la de The Kitchenware
Merchants Ltd., cuya ayuda en la
realización de las recetas de este libro
ha sido muy valiosa.*

*La autora quiere agradecer al editor en
jefe Kate Krader, a los editores
asociados Stacy Toporoff, Jacqueline
Bobrow y a Cinthia Nims, su
importante ayuda en el proceso de
investigación previo a la redacción de
este libro, así como a los miembros de
la escuela gastronómica de La Varenne
su inestimable colaboración en la
confección de las recetas.*